QUE

La construction de la sociologie

JEAN-MICHEL BERTHELOT
Professeur à la Sorbonne (Université de Paris IV)

Sixième édition

26e mille

DU MÊME AUTEUR

Le piège scolaire, PUF (coll. « Pédagogie d'aujourd'hui »), 1983.
L'intelligence du social, PUF (coll. « Sociologie d'aujourd'hui »), 1990, rééd. 1998.
École, orientation, société, PUF (coll. « Pédagogie d'aujourd'hui »), 1993.
1895, Durkheim, l'avènement de la sociologie scientifique, Presses Universitaires du Mirail, 1995.
Les vertus de l'incertitude. Le travail de l'analyse dans les sciences sociales, PUF (coll. « Sociologie d'aujourd'hui »), 1996, rééd. « Quadrige », 2004.
La sociologie française contemporaine (sous la dir. de), PUF (coll. « Fondamental »), 2000, rééd. « Quadrige », 2001, 2003.
Sociologie. Épistémologie d'une discipline. Textes fondamentaux, De Boeck (coll. « Portefeuilles »), 2001.
Épistémologie des sciences sociales (sous la dir. de), PUF (coll. « Premier cycle »), 2001.
Figures du texte scientifique (sous la dir. de), PUF (coll. « Science, histoire et société »), 2003.

ISBN 2 13 055120 3

Dépôt légal — 1re édition : 1991
Réimpression de la 6e édition : 2006, février

INTRODUCTION

Une discipline se construit. Son histoire est plus complexe qu'un simple développement d'idées et de théories ; elle implique des techniques et des méthodes de recherche, des formes de construction de son objet, des lieux d'apprentissage, de transmission et d'exercice, des individus associés dans des réseaux de travail, d'échange et d'évaluation. L'objectif de cet ouvrage est de présenter *une histoire sociologique raisonnée* de la sociologie moderne et de son mode de construction. Qu'entendre par là ?

Si l'on convient d'entendre par « sociologie moderne » une entreprise de connaissance scientifique du social, cette définition même est problématique : qu'est-ce que le social ? en quoi une connaissance scientifique peut-elle s'y distinguer d'une connaissance qui ne le serait pas ? Le social ne constitue pas un objet préétabli, qu'il suffirait d'aborder avec conscience et sérieux pour en produire la connaissance. Sa définition est solidaire des formes de pensée par lesquelles les hommes ont cherché à rendre compte de leur existence commune : les mythes, les religions, les philosophies, les traités de morale en contiennent tous une présentation et une théorisation déterminées. Celles-ci, cependant, visent davantage à légitimer – ou à contester – un ordre social établi qu'à en fournir la connaissance. La sociologie naît lorsque, dans un même mouvement, elle problématise son objet et le mode de connaissance qui lui convient et met à l'épreuve empiriquement la pertinence de ses choix ; à une approche floue et souvent idéologique, elle substitue alors *une entreprise raisonnée et méthodique d'analyse et d'interpré-*

tation, que l'on peut désigner par le terme de *« programme de recherche »*[1].

Mais un tel programme ne naît pas de rien. Il ne se résume pas à des idées et des théories. Il implique, pour émerger et se développer, un certain nombre de conditions, tant intellectuelles et morales que matérielles, techniques et institutionnelles, qui se mettent en place tout au long du XIXe siècle. Elles expliquent l'apparition de la sociologie scientifique moderne et son développement ultérieur. S'attacher à saisir, simultanément, les théories sociologiques et les conditions au sein desquelles elles ont pris forme, ne relève pas d'une histoire classique des idées, mais d'une *sociologie historique* d'une discipline. C'est la raison pour laquelle nous y parlerons de *la construction* de la sociologie.

* * *

Dans le texte qui suit, le lecteur sera confronté à deux typographies. Outre les citations, certains passages sont en petits caractères. Ils constituent des approfondissements ou des illustrations nécessaires, mais qu'une lecture rapide peut ignorer.

1. Pour davantage de précisions sur ce terme, voir I. Lakatos, *Histoire et méthodologie des sciences,* 1986, trad. Paris, PUF, 1994. Pour son application à la sociologie, voir J.-M. Berthelot, *Épistémologie des sciences sociales,* Paris, PUF, part. 3, chap. 1, 2001.

Chapitre I

AUX SOURCES D'UNE CONNAISSANCE INCERTAINE

La sociologie moderne se met en place à la fin du XIXe siècle. Elle se dote alors d'un ensemble de caractéristiques théoriques, méthodologiques, institutionnelles qui lui confèrent le statut de discipline scientifique et la distinguent, en droit si ce n'est toujours en fait, de la philosophie sociale ou de l'essayisme littéraire.

L'acquisition de ce statut résulte cependant d'un lent travail historique qui s'accomplit pour l'essentiel tout au long du siècle. Certes les grands penseurs de la philosophie des Lumières, Hobbes, Locke, Montesquieu, Rousseau, vont nourrir la réflexion sociologique naissante. Mais plus encore peut-être est-ce dans les traits nouveaux de la civilisation qui s'ébauche au sortir du XVIIIe siècle que s'enracine la sociologie moderne.

Les débuts du XIXe siècle sont marqués par le poids des deux révolutions sur lesquelles s'est achevé le siècle précédent : la révolution industrielle et la Révolution française. Événements de nature et de niveau différents dont le point commun est peut-être le sentiment de *rupture* qu'ils engendrent : la constitution des nouveaux bassins industriels, le développement du machinisme moderne, le bouleversement des rapports entre villes et campagnes, le surgissement d'un prolétariat s'entassant dans les faubourgs urbains créent des problèmes neufs. Il ne s'agit plus de situations que la pensée traditionnelle puisse inscrire dans l'ordre naturel des choses mais de problèmes sociaux au sens moderne du terme : l'entassement, la promiscuité, la délinquance, la prostitution, l'alcoolisme, la morbidité précoce apparaissent liés à une organisation sociale déterminée et requièrent par là même une intervention nouvelle de la société sur elle-même. Mais ces effets du développement industriel, que le XIXe siècle ne cessera d'interroger, peuvent sembler tout autant résulter de la Révolution française et de la destruction des structures et des pouvoirs garantissant l'équilibre social traditionnel.

Le sentiment de rupture ainsi engendré se manifestera dans la pensée du XIXe par des oppositions conceptuelles en forme de dichotomies ; opérant à divers niveaux des variations sur la thématique de l'ancien et du nouveau elles constitueront pour certaines d'entre elles le noyau d' « idées élémentaires »[1] caractéristiques de la sociologie moderne.

Davantage encore, peut-être, ce sentiment génère un nouveau souci de connaissance. Il est sans doute rapide de dire « à problèmes nouveaux, méthodes nouvelles ». Et pourtant le XIXe siècle voit naître l'enquête sociale. Celle-ci se détache du mémoire de voyage que pouvaient pratiquer les esprits éclairés des siècles précédents. Au détail pittoresque ou à la digression philosophique elle tend à substituer la description minutieuse et le recensement détaillé. Parler de la société n'est plus seulement affaire d'idées.

Mais accumuler des faits ne suffit pas à leur donner sens. Le souci de connaissance que manifeste l'enquête sociale est d'autant plus ambigu que ses liens avec le pouvoir sont multiples. Que peut être alors une science de la société ? Ne doit-elle pas être du même type que les sciences de la nature ? Mais peut-on se contenter de décrire le réel lorsque celui-ci prend le visage révoltant de la détresse humaine ? La société est fille de l'histoire et les hommes en sont les acteurs ; vouloir la penser n'est-ce pas vouloir saisir le sens et les enjeux de son devenir ?

1. R. A. Nisbet, *La tradition sociologique,* 1966, trad. Paris, PUF, 1984.

La pensée sociale du XIXe siècle va aborder indirectement ces questions qui constitueront l'une des dimensions épistémologiques fondamentales de la sociologie moderne. À travers les balbutiements d'une connaissance malhabile à associer les idées aux faits, souvent prompte à déraper dans la dénonciation et le combat ou à se satisfaire de constructions plus rhétoriques que théoriques, se travaille ainsi, tout au long du siècle, le terrain sur lequel s'établira la sociologie.

I. – Enquête sociale et recueils statistiques

1 / Le XIXe siècle voit la mise en place progressive, tâtonnante mais irrépressible, d'un puissant appareil d'observation du social, que le XXe siècle n'aura plus qu'à rationaliser et à systématiser. Pour la première fois peut-être s'opère une convergence inédite et féconde entre des intérêts étatiques de contrôle social, des préoccupations humanistes et hygiénistes d'aide aux populations les plus déshéritées et un souci scientifique d'application aux faits humains des méthodes mathématiques éprouvées dans les sciences de la nature. Rien cependant de systématique dans cette rencontre, mais plutôt l'impression d'un bouillonnement et d'un foisonnement extraordinaires, mobilisant de multiples acteurs. Administrations, bureaux d'assistance, sociétés savantes lancent des enquêtes en s'appuyant sur tous ceux que leur position met en situation d'observation privilégiée : médecins, prêtres, magistrats, enseignants... Chaptal, mobilisant ainsi les préfets pour l'enquête de 1800, n'hésite pas à leur donner la consigne suivante :

> « Vous ne manquerez pas de vous adresser aux hommes de votre département les plus éclairés, à ceux qui, par leur position, sont le plus à portée de bien voir et qui, par leur attachement à la patrie, sont le plus disposés à communiquer le résultat de leurs observations. »[1]

1. Cité *in* M. N. Bourguet, Race et histoire, l'image officielle de la France en 1800, revue *Annales,* vol. 31, n° 4, 1976, p. 802-823.

John Sinclair, pionnier incontesté de ce mouvement, qui publie de 1791 à 1799 les 20 volumes de son *État statistique de l'Écosse,* adressa, à tous les pasteurs des 160 paroisses d'Écosse, un volumineux questionnaire[1]. Villermé, qui pour son enquête sur l'état des ouvriers des fabriques de textile n'a pas hésité à arpenter la France, souligne pareillement le rôle décisif de ces « intermédiaires » :

« Partout des magistrats, des médecins, des fabricants, de simples ouvriers se sont empressés de me seconder. Avec leur aide, j'ai pu tout voir, tout entendre, tout connaître. Ils m'ont, comme à l'envi, fourni des renseignements. »[2]

Par-delà cette diversité des acteurs sollicités et les risques qu'elle comporte de dispersion et de distorsion des renseignements obtenus se mettent en place de véritables institutions de recueil d'information : si les premiers grands recensements de population apparaissent au XVIIIe siècle – notamment dans les pays scandinaves qui manifestent à cet égard une avance remarquable –, c'est au début du XIXe siècle que s'instituent les premières procédures de collecte et de publication périodiques. Concernant d'abord les données démographiques globales – mariages, naissances, décès – l'entreprise gagne les divers secteurs de la vie sociale et crée, au gré des organisations étatiques et des structures administratives, la statistique industrielle, la statistique agricole, la statistique criminelle, la statistique scolaire...

À côté ou en marge de ces entreprises officielles se développent des sociétés savantes d'un nouveau type, associant entrepreneurs, hygiénistes, savants, philanthropes. Elles apparaissent pour la plupart au détour des années 1830 : Société française de Statistique uni-

1. Voir sur ce point R. E. Kent, *A History of British Empirical Sociology,* Aldershot, Gower Publishing Company Limited, 1981.

2. L. R. Villermé, *Tableau de l'état physique et moral des ouvriers employés dans les manufactures de coton, de laine et de soie,* Paris, 1840.

verselle (1829), Société libre de Statistiques (1830), Statistical Society of London (1833), Manchester Statistical Society (1833)... Elles publient régulièrement des enquêtes et comptes rendus, que la presse à son tour commente.

2 / À bien des égards cette époque est marquée par une foi scientiste dans les vertus de la mesure, que confortent le développement des méthodes statistiques et les premiers succès rencontrés dans leur application aux faits humains[1].

Peut-on dès lors dire qu'à travers l'enquête sociale – entendue au sens large que lui donne le XIXe siècle – s'élaborent les premières formes d'une connaissance proprement sociologique ? Comme le souligne R. E. Kent[2], beaucoup des enquêtes empiriques produites durant cette période vont au-delà de la simple « sociographie descriptive ». S'inaugurent très tôt des techniques de recueil d'informations (questionnaires, guides d'entretien) et d'analyse statistique des données (calculs de moyennes et de pourcentages, tabulation croisée) qui anticipent très clairement les méthodes de la sociologie empirique du XXe siècle. Bien plus, à côté de l'approche quantitative des phénomènes, tout un courant d'« exploration sociale » va privilégier l'étude qualitative, fondée sur l'observation *in situ.* Cela donnera lieu à des descriptions souvent aiguës, telle celle des ouvriers du textile de Mulhouse visités par Villermé :

> « Il y a parmi eux, une multitude de femmes pâles, maigres, marchant pieds nus au milieu de la boue, et qui faute de parapluie portent renversé sur la tête lorsqu'il pleut, leur tablier ou leur jupon de dessus, pour se préserver la figure et le cou, et un nombre encore plus considérable de jeunes

1. Le grand initiateur dans ce domaine est le statisticien belge Adolphe Quételet (1796-1874) qui applique systématiquement les lois de distribution statistique à divers indicateurs sociaux et humains : *Essai de physique sociale,* Paris, 1835 ; *Anthropométrie ou mesure des différentes facultés de l'homme,* Bruxelles, 1870.

2. *Op. cit.,* p. 28 et sq.

enfants, non moins pâles, non moins hâves, couverts de haillons tout gras de l'huile des métiers tombée sur eux pendant qu'ils travaillent » *(ibid.)*.

Que ce courant se soit associé au précédent – ce qui fut le cas de Villermé – ou qu'il s'en soit nettement détaché, il ne peut que renforcer l'idée que se constituent ainsi les prémices d'une connaissance scientifique du social. Celles-ci atteindront sans doute leur forme la plus achevée dans les œuvres du français Frédéric Le Play et de l'anglais Charles Booth[1]. Mais, simultanément, s'y marqueront les faiblesses d'une connaissance trop ignorante des conditions épistémologiques de construction d'un savoir scientifique.

3 / Le cas de Frédéric Le Play (1806-1882) est sans doute le plus exemplaire. Cet ingénieur des mines fut simultanément l'inventeur d'une méthode systématique de recueil de données sociales, un conseiller écouté de Napoléon III, un dignitaire du Second Empire, et le fondateur d'un mouvement d'étude et de réforme, la Société d'économie sociale, qui, à travers diverses péripéties, s'est perpétué jusqu'à nos jours[2]. Son œuvre essentielle, *Les ouvriers européens,* 1855, présente 36 monographies de familles ouvrières, réalisées dans l'Europe entière. Elle inaugure un mouvement de recherche qui, par l'intermédiaire de la Société d'économie sociale, aboutira à la publication, de 1857 à 1912, des 13 tomes de monographies intitulées *Les ouvriers des deux mondes.*

La méthode mise au point par Le Play peut s'appréhender de deux manières différentes : à partir des monographies publiées et du mode de construction qu'elles impli-

1. Les travaux de Charles J. Booth (1840-1916), consacrés pour l'essentiel à la pauvreté à Londres (*Life and Labour of the People of London,* 1892-1903, 17 vol.), et appuyés sur des visites à domicile réalisées par les *school board visitors,* établirent une classification systématique de la pauvreté et de ses causes (cf. *Charles Booth's London,* Londres, Penguin Books, 1975).

2. Voir B. Kalaora et A. Savoye, *Les inventeurs oubliés,* Seyssel, Champ Vallon, 1989.

quent ; à partir de la présentation qu'en fit l'auteur, à la fin de sa vie, en 1879, dans un ouvrage intitulé, *La méthode sociale*[1].

Les monographies sont caractérisées par un plan systématique et unifié de recueil et d'exposition des données, comprenant 13 paragraphes rassemblés en 4 grandes parties : I. Définition du lieu, de l'organisation industrielle et de la famille ; II. Moyens d'existence de la famille ; III. Mode d'existence de la famille ; IV. Histoire de la famille.

Ce plan est intangible. Selon les cas il peut être complété par des annexes. Ainsi, dans *Les ouvriers des deux mondes*[2], l'étude consacrée au charpentier parisien est assortie de notes sur le compagnonnage, sur la grève de 1845, sur les chantiers parisiens, etc. ; celle sur la lingère de Lille, de renseignements sur la condition ouvrière à Lille, l'influence de la Belgique, l'usage des boissons... Les informations contenues sous chaque rubrique sont aussi détaillées et précises que possibles ; elles rendent compte de l'histoire des divers membres de la famille, des comportements religieux, sanitaires, alimentaires, des croyances et des divers engagements. Elles accordent une attention extrême à l'économie domestique et à l'estimation chiffrée de la totalité des biens : propriétés immobilières, argent, matériel professionnel, meubles, ustensiles, vêtements. Chaque pièce est estimée et chaque catégorie de bien donne lieu à un sous-total particulier : ainsi l'ouvrier charpentier parisien possède pour 1 870 F de meubles et de vêtements, répartis en 868,70 F de meubles, 194,20 F de linge de ménage, 69,65 F d'ustensiles et 737,45 F de vêtements. Ces derniers incluent pour toute la famille vêtements de travail et habits du dimanche ainsi que les parures de la femme :

« Bijoux : 1 paire de boucles d'oreilles en or émaillé, 5,50 F ; 1 broche en or avec verroterie, trouvée dans la rue 1,50 F ; 1 montre en argent et une chaîne en or, achetée avec l'argent reçu en héritage de la sœur, 210 F. Total : 217 F. »

1. Réédition, 1989 aux Éd. Méridiens Klincksieck.
2. Réédition, en fac-similé, d'un choix de monographies in *Les ouvriers des deux mondes,* Thomery, Éd. À l'enseigne de l'arbre verdoyant, 1983.

Une telle méthode inaugure, en sciences sociales, la procédure de la *codification,* qui rend possible la comparaison ultérieure. Malgré son souci des détails et des chiffres, Le Play s'engage peu dans cette voie, qu'explorera systématiquement la sociologie du siècle suivant. Comme le révèle *La méthode sociale,* ses préoccupations sont ailleurs :

« J'ai vu naître en 1827, à l'époque où je quittais l'École polytechnique, les souffrances sociales qui ont pris aujourd'hui un caractère si dangereux ; et comme mes condisciples les plus éminents, j'ai tout d'abord songé au moyen d'y porter remède. »[1]

Au lieu de chercher la solution dans un nouveau système, Le Play choisit la voie de la tradition, patriarcale et biblique :

« Partout le bonheur consiste dans la satisfaction de deux besoins principaux, imposés absolument par la nature de l'homme. L'importance en a été signalée par toutes les grandes races (...). Le premier est la pratique de la loi morale, liée à la croyance que cette loi, émanée de Dieu, est le complément de la création matérielle de l'homme (...). Le second est la jouissance du pain quotidien. Chez les races prospères, ces besoins sont assurés par la constitution essentielle : par les deux éléments fondamentaux et permanents, le décalogue éternel et l'autorité paternelle ; par les cinq éléments variables : les rites de la religion, l'organisation de la souveraineté et les trois formes de la propriété foncière » (*ibid.,* p. 217).

Ces convictions se sont renforcées chez Le Play de ses multiples voyages et notamment de sa confrontation avec les sociétés patriarcales de la Russie méridionale en 1837. Elles constitueront le noyau d'idées qu'il défendra opiniâtrement après 1850 et qui formeront son programme de réforme sociale. Ainsi, chez lui, le souci particulièrement neuf de procéder à des monographies comparatives de familles appartenant à des

1. F. Le Play, *La méthode sociale,* 1879, rééd. Paris, Méridiens Klincksieck, 1989, p. 12.

contextes très différents, la rigueur des prescriptions faites aux enquêteurs de terrain, l'exhaustivité des catégories retenues, visent essentiellement, en dernière analyse, à constituer un « répertoire de faits nombreux », entre lesquels la comparaison se fait spontanément, et dont les conclusions se placent naturellement sous l'évidente autorité d'une doctrine. Ce type de lien, entre une accumulation de données recueillies et établies avec une extrême minutie et une conceptualisation faible, hétérogène, usant d'un vocabulaire non épuré, idéologique et souvent moralisateur, est l'une des constantes du mode de construction de la connaissance du social tout au long du XIXe siècle.

II. – Démocratie et socialisme

1 / Enquêtes sociales et recensements statistiques procèdent au XIXe siècle d'un même souci : connaître pour agir. Les bouleversements sociaux et politiques provoqués par la révolution industrielle et l'émergence de nouvelles couches sociales, l'urgence et la violence des problèmes posés lient étroitement désir de connaissance et volonté d'intervention. Mais cette dernière fait basculer dans le champ du politique : les faits mis au jour servent d'arguments pour l'élaboration de lois de protection sociale ou pour la condamnation sans appel du système socio-économique. Il ne s'agit plus alors d'accumuler des informations, mais de saisir le principe régissant l'organisation de la société. Une telle entreprise peut avoir des fortunes diverses. La multiplication des courants socialistes, anarchistes et réformateurs au cours du XIXe siècle en porte témoignage. Elle a cependant un tout autre intérêt : celui d'associer dans une unité nouvelle les préoccupations et le désir de connaissance du temps aux grands modèles de la philosophie politique et de la philosophie de l'histoire.

Ainsi s'esquisse une autre voie dans la construction d'une connaissance du social. L'accent n'y est plus mis sur l'accumulation de données empiriques et le dégagement de régularités statistiques, mais sur la mise en évidence d'un *principe organisateur.* Tocqueville et Marx, qu'il est d'usage d'opposer, représentent tous deux exemplairement cette voie.

2 / Alexis de Tocqueville (1805-1859) nous semble donner la clef de son entreprise dans les deux phrases suivantes :

« Il faut une science politique nouvelle à un monde tout nouveau. »[1]

« L'organisation et l'établissement de la démocratie parmi les chrétiens est le grand problème politique de notre temps. Les Américains ne résolvent point ce problème, mais ils fournissent d'utiles enseignements à ceux qui veulent le résoudre » (*ibid.,* p. 420).

L'idée centrale de la pensée de Tocqueville est celle de la marche inéluctable de la démocratie. Qu'elle se soit imposée à lui au cours de son premier séjour aux États-Unis, comme il le suggère dans l'Introduction de *La démocratie en Amérique,* ou qu'il en ait conçu le plan bien avant, il importe essentiellement d'en saisir la place dans son entreprise de connaissance.

Or celle-ci est claire : la démocratie, ou l'égalité de conditions, qui constitue le principe vers lequel tendent, dans les affres des révolutions, les sociétés modernes, a d'abord pu s'établir et « se développer paisiblement » aux États-Unis où elle apparaît comme « le fait générateur dont chaque fait particulier semble descendre » (p. 57). Étudier l'Amérique c'est donc étudier la démocratie en acte, non dans un quelconque souci de panégyrique, comme le rappelle Tocqueville à la fin de son introduction, mais afin « d'en discerner clairement les conséquences naturelles ».

Penser l'organisation sociale à partir de l'organisation politique et ramener cette dernière à un prin-

1. A. de Tocqueville, *De la démocratie en Amérique,* 1835, t. 1, Introduction, Paris, Garnier-Flammarion, 1981, p. 62.

cipe unique renoue avec la problématique de Montesquieu. En revanche saisir ce principe comme l'enjeu décisif du moment historique actuel, prendre pour terrain non plus les sociétés antiques ou historiques, mais une société moderne, y séjourner un an (d'avril 1831 à mars 1832) afin d'y observer *in situ* le développement en acte du principe, autant de traits d'une démarche de connaissance neuve. Démarche difficilement identifiable, cependant, dont il faut tenter de reconstituer la logique.

Prenons ainsi le second tome de *La démocratie*. Tocqueville s'y donne à résoudre des questions très précises : « Pourquoi les Américains s'attachent plutôt à la pratique des sciences qu'à la théorie » (I, chap. X) ; « Pourquoi les écrivains et les orateurs américains sont souvent boursouflés » (I, chap. XVIII) ; « Pourquoi on trouve aux États-Unis tant d'ambitieux et si peu de grandes ambitions » (III, chap. XIX)... Dans cet exercice Tocqueville utilise spontanément une méthode qui pourrait relever du procédé, si elle n'était parfaitement maîtrisée : celle de la reconstruction réflexive d'une logique de comportement.

« Pourquoi les Américains ont si peu de susceptibilité dans leur pays et se montrent si susceptibles dans le nôtre ? » (III, chap. III). Le développement de Tocqueville est le suivant :

a) Les sociétés aristocratiques formalisent les rapports entre les individus. À l'envers dans une société démocratique, où les différences de rang s'effacent, l'étiquette perd de son importance...

b) La chose se passe ainsi aux États-Unis : on y constate une indulgence et une confiance réciproques des Américains dans leurs rapports ; les institutions politiques incitent les individus de toutes les classes à se rencontrer et à coopérer, et l'on ne s'y « laisse point émouvoir pour des bagatelles ». « J'ai remarqué bien des fois qu'aux États-Unis, ce n'est point une chose aisée que de faire entendre à un homme que sa présence importune. Pour en arriver là, les voies détournées ne suffisent pas toujours. »

c) Or, transporté en Europe, « ce même homme » devient d'un « commerce méticuleux et difficile ». Pourquoi ? Tout simplement car « ces deux effets si différents sont produits par la même cause ». Confronté à une société conservant partiellement ses hiérarchies, dont il ignore l'étiquette, il ne sait comment se situer et craint toujours de blesser ou d'être offensé : « Il marche donc toujours ainsi qu'homme environné d'embûches ; la société n'est pas pour lui un délassement, mais un sérieux travail. Il pèse vos moindres démarches, interroge vos regards et analyse avec soin vos discours, de peur qu'ils ne renferment quelques allusions cachées qui le blessent. »

Le raisonnement de Tocqueville consiste donc à rendre intelligible un comportement social à partir du principe d'organisation du système considéré. Malgré l'usage du terme de cause et le projet de cette partie de mettre en évidence l'influence de la démocratie sur les mœurs entendues au sens large, le comportement ne se laisse pas déduire du principe ; *il est reconstruit dans sa logique interne et exemplifié au moyen d'anecdotes typiques.* Par-delà la thèse proprement sociopolitique de l'auteur s'esquisse ainsi un mode d'interprétation du social qui, dans la tradition ultérieure, sera celui de *la sociologie compréhensive.*

3 / Si la référence épistémologique de Tocqueville semble bien devoir être cherchée chez Montesquieu, Hegel est, à n'en point douter, celle de Marx : la connaissance du social y est fille d'une philosophie de l'histoire.

À l'image cependant de Tocqueville, Marx (1818-1884) est profondément inséré dans son temps. Cela ne se marque pas seulement par ses liens étroits avec le mouvement ouvrier naissant et par son engagement politique radical : son apport à la connaissance du social serait faible s'il se résumait à l'énoncé d'une doctrine politique. Cela ne se marque pas non plus uniquement par l'invention et le développement d'une théorie dont l'audience et le poids politique seront déterminants pendant près d'un siècle. L'apport essentiel de Marx réside dans la construction d'un cadre et d'une méthode d'analyse du social sans équivalent au XIXe siècle. Celle-ci est exprimée très rigoureusement dans le texte justement célèbre de la Préface à la *Contribution à la critique de l'économie politique* :

« Dans la production sociale de leur existence, les hommes entrent en des rapports déterminés, nécessaires, indépendants de leur volonté qui correspondent à un degré de développement déterminé de leurs forces productives matérielles. L'ensemble de ces rapports de production constitue la structure économique de la société, la base concrète sur quoi s'élève une superstructure juridique et politique et à laquelle correspondent des formes de conscience déterminées. Le mode de production de la vie matérielle conditionne le processus de vie social, politique et intellectuel en général. Ce n'est pas la conscience des hommes qui détermine leur être ; c'est inversement leur être social qui détermine leur conscience. À un certain stade de leur développement, les forces productives matérielles de la société entrent en contradiction avec les rapports de production existants ou, ce qui n'en est que l'expression juridique, avec les rapports de propriété au sein desquelles elles s'étaient mues jusqu'alors. De formes de développement des forces productives qu'ils étaient, ces rapports en deviennent des entraves. Alors s'ouvre une époque de révolution sociale. »[1]

Dans le même mouvement conceptuel, Marx fournit le principe de ce que l'on peut appeler une architectonique et une dynamique du social. La société est composée de trois étages : une infrastructure économique, une superstructure juridique et politique, des formes de conscience sociale. Entre ces trois étages la détermination s'effectue du bas vers le haut. Le principe d'organisation d'une société donnée réside donc dans son organisation économique, son « mode de production » qui « conditionne » l'ensemble de la vie sociale. Mais ce mode de production est lui-même une structure dynamique associant des forces productives (c'est-à-dire des moyens de travail) et des rapports de pro-

1. K. Marx, *Contribution à la critique de l'économie politique*, 1859, trad. Paris, Éd. Sociales, 1978, p. 2-3.

duction, c'est-à-dire des rapports entre les hommes et les moyens de travail d'une part, entre les hommes entre eux de l'autre. Les forces productives sont donc susceptibles de se développer, de se multiplier, de se complexifier au fur et à mesure du développement économique. À l'inverse les rapports de production tendent à s'inscrire dans des rapports juridiques qui les figent d'autant plus qu'ils sont la base de rapports de classes : la manufacture du XVIe siècle, en rassemblant en un même lieu de multiples ouvriers, va rationaliser le processus de production en introduisant une division des tâches, et, par conséquent, accroître très fortement leur capacité productive. Mais le développement d'une telle forme de production suppose l'existence d'ouvriers libres de s'embaucher. Elle entre donc en contradiction avec les rapports féodaux qui attachent le paysan à la terre et les législations des corporations qui lient l'ouvrier à son métier. Cette contradiction est le fondement même de la révolution industrielle, qui n'est rien d'autre que la substitution d'un mode de production et d'une société capitalistes à un mode de production et une société de type féodal.

Au cœur de cette exposition aussi bien qu'en celui des diverses analyses concrètes de Marx, à quelque niveau qu'elles se déploient, la notion de contradiction renvoie à une approche dialectique des phénomènes. Ceux-ci sont analysés non comme des structures fixes ou comme les effets de lois physiques mais comme les moments de processus en devenir, dont il importe de saisir l'essence. L'histoire, non plus comme horizon, cadre ou fin de l'activité humaine mais comme dimension constitutive du social, fait ainsi son entrée dans la pensée sociologique naissante[1].

Les grands problèmes posés depuis le début des années 1830 s'éclairent alors d'un jour nouveau. Les faits rapportés par les enquêtes ouvrières sur le dénuement des couches populaires trouvent une théorie susceptible d'en dégager le principe : les nouveaux rapports

1. À propos de la dialectique on consultera avec profit les points de vue différents de H. Lefebvre, *Logique formelle, logique dialectique,* Paris, Éd. Sociales, 1946, de G. Gurvitch, *Dialectique et sociologie,* Paris, Flammarion, 1962 et plus récemment de J.-M. Brohm, *Les principes de la dialectique,* Paris, Éd. de la Passion, 2003.

de production capitalistes exigent une main-d'œuvre abondante et non qualifiée dont le développement du machinisme abaisse même les seuils de mobilisation de la capacité physique ; femmes et enfants peuvent prendre le chemin de la mine et des grandes fabriques de textile. La misère ouvrière n'est ni un accident ni l'effet temporaire d'une mutation économique nécessaire. Elle est inscrite au plus profond du fonctionnement capitaliste : contraint d'investir toujours plus dans les machines, chaque entrepreneur n'assure son profit qu'en accroissant parallèlement la part de plus-value qu'il retire du travail ouvrier. La baisse tendancielle des taux de profit, l'exploitation croissante de la classe ouvrière, la prolétarisation continue de la petite bourgeoisie sont autant de contradictions insurmontables vouant le capitalisme à sa ruine et à son dépassement par un nouveau mode de production.

On conçoit alors combien l'analyse proprement économique du capitalisme, l'étude sociopolitique des conflits de classe qui émaillèrent le siècle et l'engagement politique au sein du mouvement socialiste naissant, purent se conjoindre en une théorie unique que Marx et Engels appelèrent matérialisme historique. Quel est l'apport de ce dernier à la construction de la sociologie ?

La réponse à cette question est d'autant plus difficile que le marxisme va nouer, tout au long de son histoire, un dialogue complexe avec les sciences sociales, que surdéterminera son statut de théorie de référence des régimes socialistes. Objet de répulsion pour ses engagements idéologiques, de fascination pour sa puissance explicative et son radicalisme critique, il interviendra dans le champ de la sociologie de façon très différente selon le poids que lui donnera la conjoncture historique et politique : débats au sein de la Seconde Internationale, soutien à la révolution d'Octobre, résistance au nazisme, guerre froide, révolte des années 1960... Les lectures de Marx seront ainsi, tout au long du XXe siècle, diverses et multiples. Au mécanisme souvent grossier de l'orthodoxie communiste s'opposeront le réinvestissement philosophique de l'École de Francfort, le « freudo-marxisme » de certains de ses membres, ou, à l'inverse, l'idée défendue par L. Althusser[1], d'une rupture entre le Marx savant de la maturité et le Marx idéologue des écrits de jeunesse. Plus audacieuse et iconoclaste, une relecture inspirée de la théorie du choix rationnel, tend à dissoudre l'appareil théorique de Marx au profit des mécanismes d'action qu'il a mis en évidence[2].

III. – Les prémices d'une sociologie scientifique

1 / Ni les mouvements de l'enquête sociale, ni même davantage ceux de la réflexion et de l'engagement sociopolitiques, ne visent prioritairement à construire une discipline scientifique ; la connaissance y est, dans les deux cas, subordonnée à des valeurs pratiques. Tout au long du siècle, à l'inverse, un troisième courant cherchera, selon des modalités et des fortunes diverses, à inscrire la connaissance du social dans l'ordre de la science.

2 / Si Auguste Comte est parfois considéré comme le père fondateur de la sociologie moderne, c'est certainement parce qu'il est le premier à avoir énoncé clairement la nécessité d'une sociologie scientifique :

> « Maintenant que l'esprit humain a fondé la physique céleste, la physique terrestre, soit mécanique, soit chimique ; la physique organique, soit végétale, soit animale, il lui reste à terminer le système des sciences d'observation en fondant la physique sociale. Tel est aujourd'hui, sous plusieurs rapports capitaux, le plus grand et le plus pressant besoin de notre intelligence : tel est, j'ose le dire, le premier but de ce cours, son but spécial. »[3]

1. L. Althusser, *Pour Marx,* Paris, Maspero, 1965.
2. J. Elster, *Karl Marx. Une interprétation analytique,* 1985, trad. Paris, PUF, 1989.
3. A. Comte, *Cours de philosophie positive,* 1830-1842, Paris, Librairie Garnier, 1926, première leçon, § VI, p. 44-45.

Énoncer un objectif ne préjuge cependant pas de la manière dont on le réalise. Auguste Comte (1798-1856) exerça au XIXe siècle une influence considérable. Reçu à l'École polytechnique à 15 ans, renvoyé pour avoir pris la tête d'une manifestation contre un enseignant, secrétaire de Saint-Simon quelques années, il sera voué à une existence précaire, malgré un retour comme répétiteur à Polytechnique. Progressivement évincé de l'École, il ne subsistera à partir de 1852 que grâce à un subside instauré pour subvenir à ses besoins.

Le sens de l'entreprise menée par Comte, la place qu'y occupe la sociologie, et la célèbre loi des trois états qu'il considère comme sa découverte fondamentale, sont énoncés dès 1822, dans un opuscule traçant en fait un programme qui sera suivi scrupuleusement : le *Plan des travaux nécessaires pour réorganiser la société*[1].

L'orientation de l'ouvrage est, fondamentalement, pratique. Il s'agit de réorganiser la société, de la faire sortir de l'état de crise où elle se trouve.

Face à cette dernière, « à l'anarchie qui envahit de jour en jour la société », les solutions antagoniques du retour à l'âge théologique et du libéralisme moderne sont également pernicieuses, en ce qu'elles n'adoptent pas une « direction organique » pour résoudre le problème.

« La destination de la société parvenue à sa maturité n'est point d'habiter à tout jamais la vieille et chétive masure qu'elle bâtit dans son enfance, comme le pensent les rois ; ni de vivre éternellement sans abri après l'avoir quittée comme le pensent les peuples ; mais, à l'aide de l'expérience qu'elle a acquise, de se construire avec tous les matériaux qu'elle a amassés, l'édifice le mieux approprié à ses besoins et à ses jouissances. Telle est la grande et noble entreprise réservée à la génération actuelle » (p. 71).

Or ce grand projet nécessite une autre méthode que celle suivie par tous les réformateurs sociaux. Prétendre y parvenir par une nouvelle constitution ou un nouveau plan, éla-

1. Réédition, Paris, Aubier-Montaigne, 1970.

boré en quelques mois, est « une chimère extravagante ». Il faut à l'inverse le concevoir comme une « entreprise essentiellement théorique », où la connaissance se conjugue aux valeurs en se fixant comme premier objectif la « réorganisation spirituelle de la société ».

Peuvent alors, à ce point du développement, se mettre en place les grandes lignes de la pensée de Comte :

– cette réforme ne doit plus être l'affaire des légistes, mais celle des savants : « Les savants doivent aujourd'hui élever la politique au rang des sciences de l'observation » (p. 94) ;
– elle doit s'appuyer sur l'état atteint par l'esprit dans son évolution nécessaire, l'état de la science positive, qui succède à ceux de la pensée théologique et de la métaphysique ;
– elle doit enfin, par l'instauration d'une physique sociale, répondre à la question suivante : « Quel est, d'après l'observation du passé, le système social destiné à s'établir aujourd'hui par la marche de la civilisation ? » (p. 128).

L'œuvre de Comte réalise ce programme en deux moments successifs : le premier, coïncidant avec le *Cours de philosophie positive,* correspond à ce qu'il appellera son « élaboration philosophique », tandis que le second, s'exprimant dans le *Système de politique positive,* relève de sa « construction religieuse »[1]. En fait les deux démarches sont solidaires et instaurent la physique sociale comme leur cœur. La première vise à achever le système de philosophie positive constitué par l'articulation rationnelle des disciplines scientifiques ; la seconde à construire, à partir de la sociologie, le noyau spirituel d'une politique positive, prenant alors le nom de « religion de l'Humanité ».

Trois choses résultent de cette entreprise quant à la construction de la sociologie :

a) Dans la classification rationnelle des sciences, qu'élabore le *Cours de philosophie positive,* la « phy-

1. *Système de politique positive,* vol. 3, p. 5, rééd. en fac-similé, Paris, Anthropos, 1970.

sique sociale » trouve son lieu véritable. Elle est la dernière science à apparaître, car elle est celle dont l'objet est le plus complexe et nécessite, en préalable à son étude, le développement des autres sciences.

b) Cet objet doit être envisagé selon les deux dimensions applicables, selon Comte, « à chaque sujet d'étude positive »[1] : la statique et la dynamique. La « statique sociale » met en avant la notion d' « ordre » ; la « dynamique sociale » celle de « progrès » ; la loi des trois états en est la plus éclatante illustration. Un principe général articule les deux perspectives :

> « Il consiste proprement à concevoir toujours le progrès comme le développement graduel de l'ordre. En sens inverse, il représente l'ordre comme manifesté par le progrès »[2] (vol. 2, p. 2).

c) La science sociale ainsi conçue est une science théorique. Sa place dans l'architecture des disciplines lui permet d'adopter une méthode déductive, fondée sur la double loi de l'ordre, inhérente aux corps organisés, et de l'évolution nécessaire aussi bien de l'esprit que de la civilisation humaine, en un mot de l'Humanité. Ce ne sont donc pas des connaissances nouvelles qu'apporte Comte, mais une mise en construction conceptuelle et théorique des grandes étapes de l'histoire de l'humanité. Si la sociologie est par ailleurs conçue comme une science positive de faits et d'observations, ces derniers ne contribuent qu'à remplir le cadre préalablement dessiné.

3 / Dans la deuxième partie du XIXe siècle, d'autres auteurs partageront avec Comte le souci d'élaborer une sociologie scientifique. Ils exprimeront notamment cette conviction positiviste que, le premier, il avait su formuler : se défaire de l'illusion de toute causalité métaphysique et de tout appel à une essence des

1. *Cours,* Quarante-huitième leçon, rééditée in *Leçons de sociologie,* Paris, GF, 1995, p. 95.
2. *Système de politique positive,* 1851-1854, rééd. Paris, Anthropos, 1970, vol. 2, p. 2.

choses ; s'en tenir exclusivement aux faits constatés et aux régularités observées.

Ce souci minutieux et méticuleux des faits donne un air de famille à des travaux par ailleurs très divers, d'obédience et de qualité très inégales. À défaut de cadres théoriques suffisamment pertinents pour les organiser, ils peuvent donner lieu à des compilations hétérogènes, mises parfois au service d'idéologies douteuses. Des premières relève, par exemple, l'école positiviste italienne de criminologie, illustrée notamment par les travaux de Lombroso[1]. Des secondes un courant dit d' « anthroposociologie », multipliant à la fin du siècle les mesures crâniennes, les indices céphaliques et les tests d'aptitude, pour étayer une thèse raciale :

> « Ce qu'on a appelé à notre époque la lutte des classes est, au fond et sous une forme aussi inattendue que détournée, une lutte de races. C'est, déclarons-le, la lutte des brachycéphales contre les dolichocéphales. »[2]

Moins suspects de semblables dérives, mais tout aussi fragiles sur le plan épistémologique, divers auteurs tisseront à l'envi des métaphores biologiques et se réclameront de l'organicisme ou de l'évolutionnisme. Cette situation illustre en fait la difficulté qu'éprouve la sociologie, en cette deuxième moitié du XIXe siècle, à établir sa scientificité. Bien loin de venir couronner majestueusement l'édifice des sciences, comme le rêvait Comte, elle cherche dans des disciplines voisines des sources d'inspiration. Deux ensembles disciplinaires vont jouer ce rôle : les sciences de la vie et l'économie.

1. Voir par exemple les deux ouvrages de C. Lombroso, *L'homme criminel,* trad. Paris, Alcan, 1876, et, en collaboration avec G. Ferrero, *La femme criminelle et la prostituée,* trad. Paris, Alcan, 1896.

2. O. Ammon, Histoire d'une idée, l'anthroposociologie, in *La Revue internationale de Sociologie,* vol. VI, Paris, 1898, p. 144-181. À propos de ce courant, voir S. J. Gould, *La mal-mesure de l'homme,* trad. Paris, Ramsay, 1983.

Du dialogue qui s'instaure avec les sciences de la vie[1] naissent l'organicisme, le darwinisme social, l'évolutionnisme. Ce dernier aura l'influence la plus large. Il offrira un cadre, permettant d'unifier dans un modèle commun relativement simple, une multitude de faits observés par l'ethnologie, l'histoire des civilisations et l'étude des sociétés modernes. Des « sociétés primitives » à celles-ci, peut être induit un mouvement de complexification et de différenciation fonctionnelle, comparable à celui allant des organismes les plus simples aux plus élaborés.

Herbert Spencer (1820-1895), poussera très loin cette analogie dans ses *Principes de sociologie*[2]. Esprit universel, s'intéressant aussi bien à la biologie qu'à la psychologie ou la philosophie, il affirme que « La société est un organisme ». L'analogie lui permet de mettre en parallèle le développement des fonctions vitales et des institutions sociales. Ainsi l'un des trois « appareils » fondamentaux de tout organisme, l'appareil régulateur, s'incarne d'un côté dans le développement du pouvoir central, de l'autre dans celui du système nerveux central. La classification des sociétés – plus délicate que celle des espèces – use de principes similaires : mouvement de complexification croissante et mise en exergue de l' « appareil » dominant, pour distinguer des « sociétés militaires » et des « sociétés industrielles »[3].

L'économie constitue un autre pôle. Science sociale, elle met progressivement au centre de sa théorie l'idée d'action rationnelle. *L'homo oeconomicus* calcule ses chances d'accroître ses gains ou de limiter ses pertes sur un marché régi par l'équilibre de l'offre et de la demande. Dans la deuxième moitié du XIXe siècle, cette théorie adoptera une forme mathématique rigoureuse. Cette conception de l'action peut-elle aller au-delà de

1. Un point de vue particulièrement complet sur ce dialogue est donné dans D. Guillo, *Les figures de l'organisation. Sciences de la vie et sciences sociales au XIXe siècle,* Paris, PUF, 2003.

2. *The Principles of Sociology* ont été publiés de 1876 à 1894 et traduits aussitôt en France.

3. Voir Guillo, *op. cit.*, p. 357 et sq.

la seule sphère économique ? Les fondateurs de l'économie politique le pensaient. Cette idée sera souvent reprise par la suite[1]. Elle donnera lieu à des controverses sur le statut des sciences sociales, entre des positions formalistes, déduisant les phénomènes économiques et les agrégats sociaux des lois de l'action rationnelle, et des positions historicistes, insistant sur la construction historique et culturelle des sociétés. La fameuse « querelle des méthodes », qui divisera l'intelligentsia allemande à la fin du siècle, démarre par une controverse de ce type[2]. Certains auteurs, au XXe siècle, adopteront cette conception et contribueront à développer un courant, transversal aux sciences sociales, appelé la « Théorie du choix rationnel ». À l'inverse, cependant, l'un des grands économistes de la fin du XIXe siècle, Vilfredo Pareto (1848-1923), s'efforcera de trouver un principe de différenciation des actions, autorisant la distinction entre les deux sciences, économie et sociologie.

Bien que son œuvre majeure – et monumentale – consacrée à cette dernière, *Le traité de sociologie,* date de 1916, Pareto occupe une place à part dans la sociologie et ne participe pas vraiment à sa fondation, au sens où le terme sera pris dans le chapitre suivant. Son idée centrale est que l'on peut distinguer deux types d'actions : des « actions logiques » et des « actions non logiques ». Les premières sont marquées par la recherche de l'adéquation des moyens aux fins et concernent l'économie. Les secondes présentent diverses formes d'irrationalité des fins et des moyens et constituent l'objet de la sociologie. S'appuyant sur de multiples exemples et anecdotes historiques, Pareto met en évidence une structure centrale des actions non logiques : faire un acte non rationnel – c'est-à-dire sans rapport causal avec la fin visée – tout en le justifiant au moyen de théories ou de raisons prétendant à la rationalité. Il appelle « dérivations » cette forme de rationalisation

1. Voir P. Demeulenaere, *Homo oeconomicus. Enquête sur la constitution d'un paradigme,* Paris, PUF, 1996.
2. Voir chapitre suivant.

et « résidus » les éléments affectifs et pulsionnels non conscients, à l'origine réelle de l'acte. Cette conception, relevant davantage de la philosophie des sciences sociales que de la sociologie proprement dite, trouvera une audience ultérieurement, lorsque la théorie de l'action viendra au premier plan[1].

4 / Confrontée à la crise économique, sociale et culturelle par laquelle se met en place le monde moderne, la connaissance du social apparaît marquée, au XIXe siècle, par un foisonnement désordonné et hétérogène où s'éprouvent de multiples pistes : l'accumulation des enquêtes constitue un gigantesque réservoir de faits, favorisant l'émergence des premiers appareils de recensement et de classement systématiques ; des techniques de recueil et de comparaison des données s'élaborent, que la sociologie ultérieure pourra développer et perfectionner ; la stimulation permanente d'un monde en devenir, se libérant progressivement de l'Ancien Régime, à travers les soubresauts révolutionnaires de 1848, le modèle d'une société démocratique en construction de l'autre côté de l'Atlantique, l'organisation et l'internationalisation de la révolte ouvrière, posent les prémices d'une réflexion sur la modernité qui parcourra par la suite toute la sociologie.

Cependant cette connaissance du social en construction souffre de faiblesses épistémologiques fondamentales. Le rapport des idées aux faits reste le plus souvent extérieur, oscillant entre les jugements de valeur préétablis et la compilation raisonnée. Si l'on trouve chez les grands auteurs de remarquables développements théoriques et des analyses concrètes de grande valeur, ceux-ci, quand c'est dans leurs intentions, peinent à construire réellement une discipline nouvelle.

1. Voir B. Valade, *Pareto, la naissance d'une autre sociologie,* Paris, PUF, 1990. A. Bouvier (éd.), *Pareto aujourd'hui,* Paris, PUF, 1999.

Or c'est précisément à cette opération fondatrice que l'on assiste dans la dernière décennie du siècle : à travers une réflexion sur l'objet des sciences sociales et sur la nature des lois qu'elles peuvent produire, à travers l'élaboration de recherches « exemplaires », se met en place une discipline nouvelle : la sociologie.

Chapitre II

FONDATIONS

Qu'entendre ici par le mot « fondation » ? Il ne peut s'agir simplement d'un acte ou d'une série d'actes intellectuels, de définition et d'élaboration de nouvelles formes d'activité de connaissance ; plus profondément, se réalise à cette période une sorte de coalescence, de cristallisation d'éléments divers permettant tous ensemble la constitution d'un nouveau champ de recherche, la mise en place d'un cadre épistémique, l'institutionnalisation d'une discipline.

Trois séries d'éléments entrent dans cette alchimie particulière :

a) Une sorte d'épuration de la problématique de l'ancien et du nouveau, favorisée par la mise en place définitive des formes modernes de production économique et d'organisation étatique : la constitution de l'État allemand après 1870 et la législation sociale promulguée par Bismark, l'organisation puissante de la social-démocratie et les débats entre marxisme et révisionnisme en son sein illustrent bien cette nouvelle période où l'État moderne se construit à la fois contre le conservatisme clérical et le révolutionnarisme ouvrier. Les rapports sociaux propres à la société industrielle et bourgeoise apparaissent plus clairement que dans la période précédente et donnent lieu aux premières grandes élaborations théoriques de la sociologie naissante : les oppositions entre « communauté » et « société »[1] de Ferdinand Tönnies et entre

1. F. Tönnies, *Communauté et société,* 1887, trad. Paris, PUF, 1944.

« solidarité mécanique » et « solidarité organique » d'Émile Durkheim[1].

b) Une modification en profondeur du champ scientifique. La période qui suit 1870 marque, avec l'essor des universités, le développement des grandes bibliothèques, la mise en place des laboratoires, une phase décisive dans l'institutionnalisation de la science moderne. Celle-ci va de pair avec le triomphe de la science expérimentale, qui gagne enfin les sciences de l'homme : en Allemagne d'abord, en Angleterre, aux États-Unis, en France apparaissent des laboratoires de psychologie expérimentale où s'éprouve un nouveau mode de production et de traitement des faits psychiques. Mais ce développement de la science positive ne nourrit pas seulement la foi scientiste de certains. Il rend également possible, en physique essentiellement, les protocoles expérimentaux qui, avec la découverte des rayons X, de la radioactivité, des photons, feront basculer la science moderne et détruiront ses certitudes anciennes. Au tournant du siècle, une conception nouvelle de la science s'élabore, restaurant, face au culte positiviste du fait, la valeur essentielle de la théorie.

c) La constitution de la sociologie comme discipline. Jusqu'à la dernière décennie du siècle, la connaissance du social reste l'affaire de ce que l'on appellerait aujourd'hui des « amateurs » : Villermé est un médecin, Tocqueville un magistrat, Marx un journaliste, Engels, Booth, des chefs d'entreprise, Le Play, Spencer des ingénieurs, Comte un mathématicien... Les milieux organisés qui parfois les supportent ne sont pas construits sur une base scientifique, mais idéologique et militante. À l'inverse, la référence scientifique devient dominante après 1880. Dans chaque grand pays surgissent des revues scientifiques, qui deviennent le lieu où la discipline naissante se construit

1. É. Durkheim, *De la division du travail social,* 1893, Paris, PUF, 1978.

dans l'échange, la confrontation, et l'élaboration de normes[1] ; des sociétés se fondent, l'American Sociological Society (1895) aux États-Unis, la Société belge de Sociologie à Bruxelles (1900), la Sociological Society à Londres (1903), la Deutsche Gesellschaft für Sociologie en Allemagne (1909). Enfin, les premières chaires apparaissent, donnant à la nouvelle discipline l'assise universitaire indispensable à sa reconnaissance et à sa légitimation. Ce dernier mouvement, cependant, reste encore très précaire : si Albion W. Small fonde en 1893 la première section de sociologie à l'Université de Chicago, si Durkheim est nommé à Bordeaux en 1887 sur un cours de sciences sociales, les chaires restent peu nombreuses et il faut attendre 1907 pour en voir surgir une en Angleterre et 1914 en Allemagne, lorsque Georg Simmel est nommé sur un poste de philosophie et sociologie à l'Université de Strasbourg.

Cette première et décisive mise en place de la sociologie inaugure simultanément une de ses caractéristiques épistémiques les plus fondamentales : ce n'est pas, malgré l'univocité de son appellation, une discipline unitaire qui apparaît, mais un mode de connaissance pluriel, qui, dès sa naissance, s'inscrit dans deux « écoles » différentes : l'École française et l'École allemande de Sociologie. Que recouvre cette opposition ? l'ombre portée, sur une discipline scientifique, de différences

1. Apparaissent ainsi : le *Vierteljahrsschrift für wissenschaftliche Philosophie und Sociologie* (1877), la *Revue internationale de Sociologie* (1893), les *Annales de l'Institut des Sciences sociales* (Bruxelles, 1895), l'*American Journal of Sociology* (1895), la *Rivista italiana di Sociologia* (1897), *L'Année sociologique* (1898), les *Annales de Sociologie* (Société belge de sociologie, 1900), les *Sociological Papers* (Sociological Society, 1904), les *Archiv für Sozialwissenschaft und Sozial politik* (1904), la *Sociological Review* (Londres, 1908)... Antérieurement et autour d'elles des revues plus larges contribuent également à asseoir la place de la sociologie, comme la *Revue philosophique,* où Durkheim publiera la première version des *Règles de la méthode sociologique* et où figureront des textes de Tarde, Spencer, Simmel, etc.

nationales particulièrement fortes à l'époque ? ou, plus profondément, l'élaboration, favorisée par une tradition et un contexte culturels différents, de deux des types d'approches, des « modes d'intelligibilité », par lesquels cette discipline construit *l'intelligence de son objet*[1] ?

I. – L'École française de Sociologie

1 / Dans les années 1890, la sociologie française naissante s'exprime essentiellement dans la *Revue philosophique,* fondée en 1876 par un psychologue expérimentaliste, Théodore Ribot. D'obédience plutôt positiviste, la revue accueille des textes apparemment disparates mais correspondant en fait au champ couvert par un enseignement universitaire de philosophie dont ne se sont pas encore vraiment détachées la psychologie ou la sociologie. Mis à part Gabriel Tarde, magistrat, la plupart des auteurs qui abordent des thèmes sociologiques sont d'ailleurs des enseignants de philosophie : Alfred Espinas, Alfred Fouillée, Marcel Bernès.

Les titres des articles manifestent cependant clairement le sentiment d'une discipline nouvelle : « Vues synthétiques sur la sociologie », par Alfred Fouillée, en 1880 ; « Les études sociologiques en France », par Alfred Espinas, en 1882 ; « Sur la méthode en sociologie », par Marcel Bernès, en 1895. Davantage encore, d'auteur à auteur se tisse un réseau de références croisées et de confrontations, qui, même lorsqu'il tourne à la polémique, atteste d'un champ commun de préoccupations. Mais celles-ci restent encore très spéculatives : Alfred Fouillée s'interroge sur une synthèse possible entre une conception organique et une conception contractuelle de la société. Si Alfred Espinas, en lui répondant, plaide pour une science empirique, qui « au lieu de se laisser résumer d'emblée en petits traités clairs et géométri-

1. Pour une explicitation détaillée de la problématique épistémologique associée à ces termes, voir J.-M. Berthelot, *L'intelligence du social,* Paris, PUF, 1990.

ques, commodes pour la propagande (...) commence par une accumulation prodigieuse de dossiers, de recueils, de tableaux, de cartes et de graphiques, au milieu desquels elle devra longtemps se traîner avant d'aboutir à l'unité finale »[1], il ne va pas plus loin dans cette voie que Spencer qu'il cite d'ailleurs en exemple.

On conçoit alors qu'il faille réellement parler de *rupture épistémologique* pour qualifier l'apport de Durkheim. Certes une telle rupture n'est jamais exempte de continuités et il serait bien étonnant qu'elle surgisse indépendamment du terrain qui l'a rendue possible. Elle désigne cependant la mise en place théorique et pratique d'une nouvelle norme de connaissance, engageant de façon irréversible l'activité scientifique.

2 / Le poids d'Émile Durkheim (1858-1917) dans la constitution de la sociologie française fut tel qu'il occulta l'existence d'autres courants et masqua les divergences souvent importantes qui se manifestèrent parmi ses proches. Si aujourd'hui la critique historique peut restaurer les faits et démonter par le détail la stratégie d'implantation institutionnelle qu'il mit en œuvre, il n'en demeure pas moins que, par une association serrée entre projet scientifique et projet institutionnel, il sut construire et consolider un véritable milieu disciplinaire.

Avec Durkheim[2] apparaît dans la tradition française une nouvelle figure du sociologue : celle du normalien, philosophe, chef d'école, soucieux d'une unité interne et raisonnée entre les idées et les faits. Les spéculations d'une pensée purement déductive sont autant rejetées que les fascinations d'un empirisme puéril. L'incessante exigence d'une construction rigoureuse de l'objet et d'une soumission des théories à l'impératif de la preuve parcourt toute l'œuvre et constitue la base d'un

1. Les études sociologiques en France, *Revue philosophique,* t. XIV, octobre 1882, p. 337-367.

2. Sur la vie et l'œuvre de Durkheim, voir P. Steiner, *La sociologie de Durkheim,* Paris, La Découverte, 1994.

engagement militant de type nouveau, consacré à la constitution de la sociologie comme science.

Si Durkheim n'a publié que quatre ouvrages[1], il a laissé tout un ensemble d'articles, de notes de lectures, de cours[2] qui attestent d'une activité touchant à tous les grands domaines du social : la division du travail et les formes de solidarité, l'éducation, l'économie, le droit, la morale, la religion. Dans tous ces domaines, il a multiplié les études concrètes et les analyses. L'essentiel, cependant, du point de vue de la construction de la sociologie, réside dans deux points : d'une part, dans le projet obstinément et systématiquement conduit d'inscription de la sociologie au sein du rationalisme expérimental ; d'autre part, dans l'activité opiniâtre de rassemblement et de structuration d'un milieu de recherche et de réflexion autour de ce projet.

« La sociologie n'a pas à prendre parti entre les grandes hypothèses qui divisent les métaphysiciens. Tout ce qu'elle demande qu'on lui accorde, c'est que le principe de causalité s'applique aux phénomènes sociaux. Encore ce principe est-il posé par elle, non comme une nécessité rationnelle, mais seulement comme une induction légitime. Puisque la loi de causalité a été vérifiée dans les autres règnes de la nature, que, progressivement, elle a étendu son empire au monde physico-chimique, de celui-ci au monde psychologique, on est en droit d'admettre qu'elle est également vraie du monde social. »[3]

Les *Règles de la méthode sociologique* réalisent un travail de fondation épistémologique, consistant à étendre au champ des phénomènes sociaux, la loi de la causalité à

1. *De la division du travail social* (1893), *Règles de la méthode sociologique* (1895), *Le suicide* (1897), *Les formes élémentaires de la vie religieuse* (1912).

2. Ceux-ci ont été publiés par la suite, soit sous forme d'ouvrages indépendants pour de grands cours comme *L'évolution pédagogique en France,* Paris, PUF, 1969, soit sous forme de recueils : *Le journal sociologique* (éd. J. Duvignaud), Paris, PUF, 1969 ; *La science sociale et l'action* (éd. J.-C. Filloux), Paris, PUF, 1970 ; les *Textes,* t. I, II et III (éd. V. Karady), Paris, Éd. de Minuit, 1975.

3. *Règles de la méthode sociologique,* Conclusion.

l'œuvre dans les autres domaines du réel. Cette extension est-elle légitime ? les phénomènes sociaux peuvent-ils s'y soumettre ? selon quelles modalités ? En répondant à ces diverses questions Durkheim met en place, ce que l'épistémologie contemporaine appellerait un « programme de recherche », c'est-à-dire un ensemble cohérent et ouvert de postulats et de procédures.

Le texte des *Règles*[1] établit en premier lieu la spécificité et l'autonomie du social comme domaine de connaissance : les phénomènes sociaux ne se réduisent pas à des idées, des représentations, des sentiments. Ils sont extérieurs aux individus, et s'imposent à eux, même lorsqu'ils semblent être aussi intimes que le sentiment du respect ou de la piété. De tels phénomènes, bien loin de nous être immédiatement connus, sont en réalité opaques. La familiarité qu'ils présentent à nos yeux est source de prénotions, d'idées fausses. Aussi, « la première règle et la plus fondamentale, est de considérer les faits sociaux comme des choses » (chap. 2).

Souvent mal comprise, cette règle, considérée comme l'acte de naissance de l'objectivisme en sociologie, ne postule aucune nature particulière des faits sociaux. Elle se contente de définir une approche, une posture de recherche. Le sociologue doit être face aux phénomènes sociaux comme le physicien face à ceux de la nature :

« Il nous faut donc considérer les phénomènes sociaux en eux-mêmes, détachés des sujets conscients qui se les représentent ; il faut les étudier du dehors, comme des choses extérieures » *(ibid.)*.

Ainsi construit, en dehors de toute spéculation, l'objet du sociologue doit être soumis aux mêmes normes que celui des autres sciences : au primat de l'analyse causale sur l'analyse fonctionnelle et à la construction expérimentale des lois ; comme la sociologie ne peut procéder par expérimentation directe – les faits sociaux ne sont pas reproduc-

1. Pour une étude minutieuse de ce texte et de sa réception, voir J.-M. Berthelot, *1895 Durkheim, l'avènement de la sociologie scientifique,* Toulouse, PUM, 1995 ; M. Borlandi et L. Mucchielli (éd.), *La sociologie et sa méthode. Les règles de Durkheim un siècle après,* Paris, L'Harmattan, 1995 ; C.-H. Cuin (éd.), *Durkheim d'un siècle à l'autre. Lectures actuelles des règles de la méthode sociologique,* Paris, PUF, 1997.

tibles en laboratoire – elle doit procéder par « expérimentation indirecte », c'est-à-dire par comparaison. Sur quoi doivent porter les comparaisons ? sur les variations réciproques des divers facteurs étudiés : si un phénomène B (par exemple l'accroissement du taux de suicide) varie comme un phénomène A (par exemple le poids des protestants dans la population globale), c'est qu'entre A et B existe un rapport de causalité, direct ou indirect, qu'il appartient au sociologue de mettre au jour. La voie est ainsi tracée à l'élaboration de véritables lois sociologiques : « La concomitance constante est donc, par elle-même une loi, quel que soit l'état des phénomènes restés en dehors de la comparaison » (chap. 6).

L'apport de Durkheim, malgré l'hostilité généralisée qui accompagna la sortie des *Règles,* n'aurait déjà pas été mince, s'il s'était contenté de ce travail de clarification et d'épuration épistémologiques. Mais avec *Le suicide,* il a donné, de façon presque simultanée, une éclatante démonstration de la portée et de la fiabilité du rationalisme expérimental appliqué à la sociologie.

Il y avait, dans le choix du thème, une provocation évidente : le suicide n'est-il pas l'acte le plus intime, le moins social qui soit, celui ou l'individu se retrouve seul, face à sa conscience ? Un tel acte pouvait facilement être le cheval de bataille de tous ceux qui, à l'époque, récusaient la possibilité d'une sociologie scientifique au nom de l'individu, et pourfendaient, à la suite de Gabriel Tarde, le programme durkheimien. Mais il devenait par là même l'objet rêvé d'une mise à l'épreuve du postulat de la réductibilité des phénomènes sociaux au principe de causalité.

Le suicide est l'un des textes paradigmatiques de la sociologie moderne. Quelles que soient les limites liées aux matériaux et au contexte théorique de l'époque, il constitue la mise en œuvre première et exemplaire d'un mode d'intelligibilité déterminé : celui de l'analyse causale. Nous retiendrons deux points afin de faire sentir la nouveauté de la démarche durkheimienne :

– Durkheim inaugure son texte par deux développements. Le premier consiste à passer du sens flou assigné au mot suicide à une définition rigoureuse ; le second à mettre en évidence la pertinence d'une approche sociologique au moyen d'une étude détaillée des tables de suicide fournies par les statistiques officielles. Il apparaît que le nombre absolu des suicides est remarquablement constant pour une société donnée ; qu'il varie par sauts, à l'occasion de crises sociales. Si, allant plus loin, on établit des taux de suicide, on constate que ceux-ci, constants au sein d'une même société, peuvent varier du simple au triple d'une société à l'autre ! Transformé en une quantité déterminée le suicide manifeste donc des propriétés particulières, irréductibles à une simple somme de comportements aléatoires : les données statistiques ne sont plus ici des illustrations au service d'une thèse, mais le matériau travaillé où s'élaborent simultanément les hypothèses et leur vérification.

– Les diverses variations des taux de suicide – selon le pays, selon la région, selon la saison, selon le sexe, selon la confession religieuse, etc. – autorisent la construction d'explications particulières et l'élaboration, à partir de celles-ci d'une théorie. À chaque fois, la variation constatée doit être interrogée afin que soit mise en évidence la relation de causalité qu'elle implique. Les protestants se suicident davantage que les catholiques. Est-ce parce que leur doctrine est en ce point plus permissive ? Non. Ils ont également un niveau d'instruction supérieur aux catholiques, serait-ce là la cause ? Non, il faut remonter à ce qui, structurellement, distingue le protestantisme du catholicisme : dans un cas les croyances traditionnelles et la cohésion sont fortes, dans l'autre, l'encouragement au libre examen et l'individualisme émoussent cette cohésion. La cause du facteur B (taux de suicide plus élevé) peut être recherchée dans le facteur A (niveau d'intégration plus faible) (liv. II, chap. 2). On établit ainsi une relation qui, comparée à d'autres du même type, est susceptible de produire une explication générale : une étude détaillée des statistiques révèle que les hommes mariés se suicident beaucoup moins que les célibataires et les veufs (*ibid.,* chap. 3) ; dans les sociétés politiques, les périodes de crise sont liées à une chute du taux de suicide, comme si l'effervescence et la mobilisation qu'elles suscitent protégeaient de la mort volontaire *(ibid.)*. Dans chacun de ces cas « le suicide varie en raison inverse du degré d'intégration des groupes sociaux dont fait partie l'individu ».

On a donc affaire à une variété spécifique de suicide, que Durkheim appellera suicide égoïste, pour le distinguer des deux autres formes que la même méthode mettra en évidence : le suicide altruiste et le suicide anomique.

Il est possible de montrer qu'un tel programme ne s'applique pas seulement à des données exprimables sous forme de mesures – comme les taux de suicide –, mais que Durkheim entreprit, de façon systématique, de le mettre en œuvre aussi bien pour rendre compte de l'histoire d'une institution, que pour percer le secret du totémisme[1]. Par là même il opérait, dans la connaissance du social, à la fois une rupture et une fondation : rupture avec les démarches antérieures de compilation ou d'illustration ; fondation par la mise en œuvre systématique d'un mode déterminé d'intelligibilité. Le piège, en revanche, qu'il lui était particulièrement difficile d'éviter, était d'enfermer la connaissance scientifique du social dans le programme scientifique ainsi élaboré.

3 / Il est incontestable que la sociologie française, jusqu'à la première guerre mondiale, est dominée par les durkheimiens. Le mouvement le-playsien se perpétue en marge de l'université, tandis que ce qui aurait pu constituer une école rivale, sous la houlette de René Worms ou de Gabriel Tarde, reste largement empêtré dans l'organicisme et l'éclectisme pour le premier, trop empreint de psychologisme pour le second. Malgré l'activité institutionnelle déployée par Worms[2] ou l'élection au Collège de France de Tarde, ce sont

1. Voir, respectivement, *L'évolution pédagogique en France* et *Les formes élémentaires de la vie religieuse*.

2. René Worms est le fondateur ou l'initiateur de la *Revue internationale de Sociologie* (1893), de l'Institut international de Sociologie (1894), de la Bibliothèque sociologique internationale (1894) et de la Société de Sociologie de Paris (1895).

les durkheimiens qui, sans conteste, dominent la sociologie française.

Il est certain que leur implantation universitaire, à laquelle veilla particulièrement Durkheim, constitue un élément explicatif de cette prééminence. Encore celle-ci ne peut-elle être surévaluée, puisqu'en 1914, elle se limite à une dizaine de cours, dont quatre seulement en université. Plus importante, sans aucun doute, est la force du programme qui se réalisa par l'intermédiaire de *L'Année sociologique.* De 1898 à 1913 parurent 12 volumes, qui passèrent systématiquement en revue la production des sciences sociales de l'époque. Durkheim lui-même y publiera plus de 300 comptes rendus. L'équipe constituée à cet effet n'était liée par aucune allégeance doctrinale, et les liens de travail étaient pour la plupart épistolaires. Cependant, malgré les différences, parfois les crises, une remarquable unité de ton prévalut, imputable peut-être à la personnalité de Durkheim, à l'homogénéité du milieu de recrutement des collaborateurs (l'École normale supérieure)[1], sans doute aussi à la nature non pas doctrinaire mais proprement scientifique du programme durkheimien.

II. – L'École allemande de Sociologie

1 / L'une des idées constitutives de la tradition intellectuelle française est celle de la nécessaire inscription de la sociologie dans le champ de la science. Que celle-ci se réalise au moyen d'une classification rationnelle effectuée sous les auspices du positivisme ou d'une mise en forme interne résultant de l'application du programme du rationalisme expérimental, le postulat épistémologique de base est identique : la science est une, quels que soient ses domaines de réalisation.

1. Sur tous ces points, voir l'article de P. Besnard, La formation de l'équipe de *L'Année sociologique, Revue française de Sociologie,* vol. XX, n° 1, 1979, p. 7-32.

L'idée d'une science unitaire, placée sous le modèle des sciences de la nature, va connaître, dans les pays germaniques une destinée curieuse. Si des cercles positivistes se fondent dans la deuxième moitié du siècle, si le positivisme moderne se structure dans la Vienne des années 1930, la conception qui domine la tradition allemande est fondamentalement dualiste : elle oppose les sciences de la nature *(Naturwissenschaften)* aux sciences de l'esprit *(Geisteswissenschaften)*.

Cette opposition puise ses racines à diverses sources : la distinction opérée par Kant entre le domaine de la nature (régi par la raison pure) et celui de l'action humaine (régi par la raison pratique) ; la critique hégélienne de la raison analytique (l'entendement) au profit de la raison dialectique ; l'importance du mouvement romantique et de son rejet de la philosophie des Lumières. Elle eut notamment pour conséquence de repousser la constitution d'une sociologie indépendante :

> « La position prééminente occupée par l'idéalisme et le romantisme dans l'histoire de la pensée allemande fit beaucoup – indépendamment des circonstances sociales et politiques – pour empêcher assez longtemps l'essor d'une sociologie indépendante et fut responsable du fait que ses problèmes propres furent traités par d'autres disciplines. »[1]

Il faut attendre, en effet, les années 1880 pour voir apparaître le terme de sociologie en Allemagne. Mais ce retard, qui se manifestera également par une institutionnalisation plus tardive (la première chaire de sociologie est créée en 1914, cf. *supra*) ne signifie pas une ignorance : la revue *Vierteljahresschrift für Wissenschafliche Philosophie und Soziologie,* fondée en 1877, présente des textes de Comte, Spencer, Mill. Par ail-

1. H. Mauss, *Handbuch der Soziologie,* 1956, trad. anglaise, *A Short History of Sociology,* Londres, Routledge & Kegan Paul, 1962, p. 23.

leurs, il permet à la sociologie allemande de bénéficier du mouvement intellectuel fort qui anime les universités d'outre-Rhin. Tout un débat sur la nature de la science, la « querelle des méthodes », mobilise, à partir de 1883, économistes, philosophes, sociologues et aboutit à opposer non seulement les sciences de l'esprit aux sciences de la nature, mais la « compréhension » à l'explication dans l'interprétation des phénomènes sociaux[1]. On conçoit que ce contexte d'interrogation et de turbulence épistémologiques ait finalement permis l'émergence d'une discipline qui, avec Georg Simmel et Max Weber, posera les bases d'une *sociologie compréhensive.*

2 / Il n'est pas possible de parler d'une école allemande de sociologie au même sens que d'une école française. La sociologie allemande du début du siècle est à la fois moins marquée par une personnalité dominante que la sociologie française et simultanément moins dispersée que cette dernière : la fondation de la Deutsche Gesellschaft für Soziologie en 1909 et l'organisation sous son égide de journées d'étude, constituèrent un pôle de regroupement et d'échange que seul Simmel dédaigna quelque peu[2]. Si la notoriété varie avec le temps, il est clair cependant, que, dès cette époque, Ferdinand Tönnies et Max Weber sont regardés comme des fondateurs. Premier président de la Deutsche Gesellschaft für Soziologie, auteur du premier grand ouvrage de la sociologie allemande, le célèbre *Communauté et société* de 1889, Tönnies joua un rôle essentiel. Sa remarquable longévité (1855-1936) lui permit de participer activement aux sept « journées

1. Les philosophes (W. Diltey, W. Windelband, H. Rickert) jouèrent un rôle décisif dans l'élaboration de cette distinction (cf. R. Aron, *Essai sur une théorie allemande de l'histoire. La philosophie critique de l'histoire,* Paris, Vrin, 1938).

2. Cf. la liste des participations aux Soziologentagen (« journées sociologiques ») établie par D. Kaesler, *Die frühe deutsche Soziologie 1909 bis 1934, und ihre Entstehungs-Milieus,* Düsseldorf, Westdeutscher Verlag, 1984, p. 603 et sq.

sociologiques » organisées par la Société allemande de Sociologie de 1910 à 1930. Cependant son rôle dans la construction de la sociologie n'égala pas ceux de Simmel ni surtout de Weber.

Max Weber (1864-1920) occupe à cet égard une place décisive. À l'instar de Durkheim il a su aussi bien fonder épistémologiquement qu'éprouver pratiquement les règles d'un programme d'étude scientifique des phénomènes sociaux. À la différence cependant de l'École française, il considère que le travail spécifiquement sociologique commence là où s'arrêtent les possibilités d'une explication par des régularités causales.

Juriste de formation, professeur d'économie politique à Fribourg puis à Heidelberg, Max Weber[1] n'occupa que dans les derniers mois de sa vie une chaire de sociologie à l'Université de Munich. Il consacra une part importante de son temps à une réflexion épistémologique sur les sciences sociales et, à la fin de sa vie, sur la sociologie.

« Nous appelons sociologie (au sens où nous entendons ici ce terme utilisé avec beaucoup d'équivoques) une science qui se propose de comprendre par interprétation l'activité sociale et par là d'expliquer causalement son déroulement et ses effets. Nous entendons par "activité", un comportement humain (peu importe qu'il s'agisse d'un acte extérieur ou intime, d'une omission ou d'une tolérance) quand et pour autant que l'agent ou les agents lui communiquent un sens subjectif. Et, par activité "sociale", l'activité qui, d'après son sens visé par l'agent ou les agents, se rapporte au comportement d'autrui par rapport auquel s'oriente son déroulement. »[2]

C'est par cette définition que Weber attaque le chapitre consacré aux « concepts fondamentaux de la sociologie » qui ouvre sa principale œuvre sociologique. Ces quelques lignes ont autant d'importance, par ce qu'elles

1. Voir D. Kaesler, *Max Weber. Sa vie, son œuvre, son influence,* 1995, trad. Paris, Fayard, 1996.

2. Max Weber, *Économie et société,* 1920, trad. Paris, Plon, 1971, p. 4.

résument et par ce qu'elles impliquent, pour la construction de la sociologie, que la fameuse *Règle* de Durkheim rappelée plus haut. Elles définissent à la fois un objet et une méthode : le premier est l'activité sociale, la seconde la compréhension.

Là où Durkheim aurait parlé de « faits sociaux », Weber parle d' « activité sociale ». Qu'implique cette différence ? la mise en œuvre d'un point de vue et d'un mode d'approche radicalement différents. Weber sélectionne, comme seul objet de la sociologie, les comportements à la fois doués de sens et orientés vers autrui. Cette définition restrictive exclut certains comportements qui, apparemment sembleraient relever de la sociologie : la contemplation, la prière solitaire, le choc de deux cyclistes, l'ouverture simultanée des parapluies dans une foule lorsque la pluie commence à tomber... Ces divers exemples pris un peu plus loin par Weber manifestent l'absence de l'un ou de l'autre critère. Surtout ils permettent de préciser le sens de la construction d'objet résultant de leur mise en œuvre :

« La collision entre deux cyclistes, par exemple, est un simple événement, au même titre qu'un phénomène de la nature. Serait une "activité sociale" la tentative d'éviter l'autre et les injures, la bagarre ou l'arrangement à l'amiable qui suivraient la collision. »

La simple collision est un phénomène physique. Qu'elle mette en jeu des objets naturels ou des produits de l'industrie humaine ne change en rien la nature de l'événement. Il suffit d'appliquer les lois de la mécanique pour en rendre compte : en procédant ainsi, on explique causalement le fait. À l'inverse, injures, bagarre, arrangement à l'amiable sont des comportements dotés d'un sens pour les acteurs de la situation. Ils ne sont pas déductibles de lois générales, ils ne se réduisent pas à des rapports de cause à effet, mais expriment une intentionnalité consciente : pour en rendre compte il faut les comprendre.

Dans la mesure où l'activité humaine n'est pas réductible à des rapports de cause à effet, mais manifeste l'intentionnalité des acteurs, le sens qu'ils donnent à leur action, elle requiert une autre méthode que celle en œuvre dans les sciences de la nature, précisément celle de la compréhension par interprétation. Ainsi, construction de l'objet et détermination de la méthode sont liées de façon interne.

Quelles perspectives ouvre à la sociologie une telle conception ? On peut, du chapitre cité, en extraire au moins quatre :

- une détermination de ce qu'il convient d'entendre par sens. Weber le définit comme « sens subjectivement visé », et lui donne trois formes : tel qu'il est pour un acteur donné, dans une situation donnée ; ou en moyenne pour une population déterminée ; ou, enfin, idéalement, dans une reconstruction rationnelle à usage heuristique, ce qu'il dénommera un « idéaltype » ;
- une catégorisation des divers sens que peut prendre l'action, à partir de ses déterminants. Weber distingue quatre logiques différentes : l'action « rationnelle en finalité » (qui privilégie les objectifs visés et leur soumet tous les autres éléments à titre de moyens) ; l'action « rationnelle en valeur » (qui soumet moyens et fins à une norme posée comme valeur intrinsèque) ; l'action déterminée par les affects et les émotions ; l'action enfin liée à la tradition[1] ;
- une conception nominaliste des agrégats sociaux et des institutions : si la sociologie est science de l'activité sociale, celle-ci ne peut être que singulière. C'est par métaphore et par facilité que l'on dote des entités collectives comme l'État, les classes sociales, les entreprises, d'une activité propre. Il faut, en fait, revenir aux « personnes singulières » qui « constituent seules les agents compréhensibles d'une activité orientée significativement » ;
- une conception complexifiée des lois que la sociologie peut produire. Dans un essai de 1904, Weber opposait au modèle causaliste et déductif des sciences de la nature, le problème fondamental des sciences sociales :

« Comment une explication causale d'un fait singulier est-elle possible en général ? – étant donné que même la

1. Ces logiques ne sont pas mutuellement exclusives. Elles constituent le modèle pur, l' « idéaltype », auquel on peut référer une action empiriquement constatée afin de la comprendre.

description du plus petit fragment de la réalité ne peut jamais être pensée de manière exhaustive ? »[1]

Il concluait que les lois jouent un rôle radicalement différent dans les sciences de la nature et dans les sciences du monde social ; de fin de l'entreprise de connaissance, elles passent au statut de simple moyen, aidant à la construction des « connexions causales concrètes » constitutives d'une individualité historique isolée par le savant à titre d'objet pour la valeur et la signification culturelles qu'il lui reconnaît.

Dans le texte que nous étudions, Weber introduit l'idée d'un double critère de détermination d'une loi sociologique : l'adéquation causale – elle doit être attestée par des régularités statistiques – et l'adéquation significative – elle doit exprimer un comportement doté d'un sens subjectif pour les acteurs, c'est-à-dire compréhensible selon l'une des quatre logiques dégagées ci-dessus. Le début de la citation fournie plus haut prend alors toute sa signification : la sociologie se propose « de comprendre par interprétation (...) et par là d'expliquer causalement ». Weber ne rejette ni l'idée de loi ni l'explication causale ; il subordonne l'une et l'autre au travail spécifique de la compréhension.

Nous sommes manifestement ici devant ce que nous avons appelé plus haut un programme scientifique. Encore est-il d'autant plus nécessaire de le voir à l'œuvre qu'à la différence du programme durkheimien les procédures d'analyse concrète d'un objet déterminé ne s'y laissent pas déduire d'un algorithme simple comme l'était celui des variations concomitantes.

L'œuvre exemplaire de Weber, où s'éprouve la fécondité et la fiabilité de l'approche proposée est à n'en pas douter *L'Éthique protestante et l'Esprit du capitalisme,* qui occupe dans la tradition sociologique une place comparable à celle du *Suicide.* Elle s'inscrit dans une série d'études consacrées aux rapports entre les religions et l'activité économique visant à comprendre la

1. L'objectivité de la connaissance dans les sciences et la politique sociale, trad. in *Essais sur la théorie de la science,* Paris, Plon, 1965, p. 162.

spécificité du rationalisme occidental qu'exprime le développement propre qu'y connaît le capitalisme[1].

Il était largement connu, à l'époque de Weber, que des liens privilégiés unissaient le capitalisme moderne et le monde protestant. Marx et Engels avaient fait de la Réforme une manifestation et un effet dans le domaine idéologico-religieux du développement des nouveaux rapports de production capitalistes. C'est à cette thèse, causaliste d'un certain point de vue, que s'en prend Weber. L'intérêt, pour notre propos, réside dans la démarche et dans sa cohérence avec l'épistémologie présentée précédemment.

Weber procède en quatre temps :

- position du problème à partir de données statistiques permettant d'établir une corrélation entre protestantisme et capitalisme ;
- spécification de l'objet par construction de l'idéaltype du capitalisme moderne : l'esprit du capitalisme ;
- étude de la prédication luthérienne et mise en évidence des homologies existant entre l'esprit du capitalisme décrit précédemment et la notion centrale de vocation *(Beruf)* ;
- étude historique du développement de la religion réformée et notamment du passage de l'ascétisme religieux à l'ascétisme économique et à l'esprit du capitalisme.

Ce mouvement démonstratif semble aboutir à l'inversion de la thèse marxiste et c'est bien ce qu'une partie des commentateurs se contenteront de retenir[2] : l'esprit du capitalisme a précédé en de nombreux endroits son développement matériel et cela n'est compréhensible que par la présence forte de l'ascétisme réformé. S'il ne s'agissait que de cela on n'aurait affaire qu'à l'inversion d'une relation causale entre protestantisme et capitalisme. Or le nomina-

1. Voir le recueil établi et traduit par J.-P. Grossein, Max Weber, *Sociologie des religions,* Paris, Gallimard, 1996.

2. La démonstration de Weber sera à l'origine d'une controverse célèbre, commencée dès son époque et poursuivie jusqu'à nos jours. Sur ce point, voir P. Besnard, *Protestantisme et capitalisme,* Paris, Armand Colin, 1970.

lisme exprimé plus haut exclut toute action de ce type et la définition de la sociologie présentée implique que soit donnée comme objet une activité sociale. Le Weber de 1904 serait-il en désaccord avec celui de 1920 ? Indépendamment du fait que cela n'aurait rien de scandaleux et que le dernier état de la pensée de Weber est sans doute le plus affûté, il se trouve qu'il n'en est rien.

La détermination de l'esprit du capitalisme aussi bien que celle de l'éthique protestante procèdent, par appui sur certains textes ou documents, de la mise en évidence d'un sens idéaltypique, c'est-à-dire d'un sens reconstruit par le chercheur à partir de la constellation de significations capables d'exprimer au mieux la nature singulière de ces individualités historiques que sont le protestantisme et le capitalisme occidental.

Mais cela ne suffit encore pas : si des homologies entre idéauxtypes ont un sens pour le chercheur et suggèrent des relations particulières, toute action de l'un sur l'autre contredit le postulat nominaliste. Or c'est à ce niveau que Weber est le moins explicite. L'essentiel de l'objectif de l'ouvrage étant de construire rigoureusement les deux idéauxtypes et de montrer l'antériorité de l'un sur l'autre, il ne développe pas une thèse qu'il se contente d'illustrer par des faits typiques : le passage de l'éthique protestante à l'esprit du capitalisme se réalise par la médiation d'un nouveau comportement économique, d'une nouvelle rationalité de l'action des acteurs. Le protestantisme n'a pas créé l'esprit du capitalisme ; il a donné à des agents économiques, confrontés à des problèmes économiques un support idéologique, leur permettant d'inscrire leur comportement dans une rationalité neuve. L'essence du capitalisme, l'idée de profit comme rentabilisation de chaque élément et de chaque instant, trouve dans l'ascétisme protestant une justification et un aliment. Un nouveau comportement économique apparaît alors, et il suffit qu'il pénètre un secteur économique traditionnel – comme celui du tissage à domicile dont Weber développe l'exemple – pour qu'il le révolutionne sans que la structure de ce dernier ne soit dans un premier temps touchée. Le comportement singulier de personnes singulières, reste bien, en dernière analyse, l'élément explicatif ultime.

3 / Le rationalisme expérimental et le naturalisme constituent le fonds sur lequel s'édifie le programme durkheimien ; le sens et l'activité sociale celui que promeut la sociologie allemande. Il y a dans cette autre manière de rendre compte du social une plus grande labilité que dans la première. Le chapitre d'*Économie et société* que nous avons commenté constitue une tentative exemplaire de synthèse et d'articulation de lignes d'analyse qui peuvent ailleurs se séparer.

L'exemple de cette labilité est sans aucun doute fourni par l'œuvre de Georg Simmel (1858-1918). Diverse, multiple, passant successivement du positivisme au néo-kantisme et au vitalisme, davantage tournée vers la philosophie et l'essayisme que vers la sociologie, elle semble se jouer des frontières qu'une discipline naissante établit et de la hiérarchie d'objets qu'elle institue : Simmel écrit sur « la culture féminine », « la coquetterie », « la mode », « l'aventure »[1]... Dans cet ensemble foisonnant, dont les commentateurs s'efforcent de découvrir l'unité[2], trois points nous semblent pouvoir être retenus, qui, dans la perspective de la construction de la sociologie, constituent une modulation ou un approfondissement du programme décrit ci-dessus :

- une critique de la connaissance dans les sciences historiques qui, opérée sous les auspices d'une philosophie kantienne, rejoint les analyses de Weber sur le rejet du naturalisme et du réalisme et approfondit le concept de compréhension[3] ;
- l'insistance sur la notion de *forme,* comme moyen de construire l'objet propre de la sociologie. Si les actions

1. Ces articles sont accessibles en français *in* G. Simmel, *Philosophie de la modernité,* Paris, Payot, 1989.

2. Voir : l'Introduction de Julien Freund à G. Simmel, *Sociologie et épistémologie,* Paris, PUF, 1981, p. 7-79 ; L. Deroche-Gurcel et P. Watier, *La « Sociologie » de Georg Simmel (1908). Éléments actuels de modélisation sociale,* Paris, PUF, 2002.

3. Voir G. Simmel, *Les problèmes de la philosophie de l'histoire,* 1907, trad. et intr. de Raymond Boudon, Paris, PUF, 1984.

des sujets relèvent de multiples motifs, ceux-ci sont de l'ordre du contenu. La forme est le type d'action réciproque qui naît de ces actions ;
- la notion *d'action réciproque* est donc centrale chez Simmel. Elle distingue son programme de celui de Weber et aura une influence énorme dans la sociologie interactionniste ultérieure aux États-Unis.

Ces points sont notamment développés et assortis d'études particulièrement originales et novatrices (sur le rôle du nombre dans la structure des groupes, sur le secret, la pauvreté, l'étranger...), dans l'ouvrage majeur de Simmel, publié en 1908, *Sociologie*[1].

III. – La sociologie à la veille de la première guerre mondiale

En l'espace de vingt ans la sociologie moderne est née. Quelles que soient ses filiations et ses complicités philosophiques, notamment en Allemagne, elle se distingue clairement de la philosophie politique ou de la philosophie sociale. Qu'elle adopte la position rigide du rationalisme expérimental ou qu'elle choisisse la voie compréhensive, elle procède par une construction vigilante de son objet et mobilise les données, statistiques ou historiques, que requiert son élucidation. Un nouvel espace épistémique s'est ainsi construit, qui, par son institutionnalisation universitaire, ses sociétés savantes, ses revues et ses collections a acquis droit de cité dans la communauté scientifique.

Il est évident que la discipline nouvelle ne se réduit ni à Durkheim, Weber ou Simmel, ni à la sociologie française et allemande. Le point de vue que nous adoptons nécessitait de les mettre en avant, non selon une logique traditionnelle d'histoire des idées, mais selon celle, plus novatrice, de la construction d'une *ma-*

1. Traduction et présentation par L. Deroche-Gurcel, Paris, PUF, 1999.

trice disciplinaire[1]. Une science ne se construit pas seulement par les résultats qu'elle accumule, mais tout autant par les valeurs qu'elle sélectionne, par les œuvres qu'elle se donne en exemple, par le territoire qu'elle délimite, par le style d'activité qu'elle promeut et légitime : si des sociologues comme Gabriel Tarde[2] ou René Worms se sont trouvés marginalisés c'est essentiellement – et indépendamment des conflits institutionnels de reconnaissance – parce qu'ils restèrent extérieurs à cette matrice. À l'inverse, le retour permanent, dans les textes sociologiques, à Durkheim, Weber, Simmel, manifeste, à notre sens, le souci d'une discipline, que sa pluralité et sa diversité fragilisent, de se réassurer et de se renforcer par l'explicitation et la clarification de ses fondements.

La sociologie qui naît à l'aube du XXe siècle porte déjà les traces de cette fragilité. Elle ne s'inaugure pas sous les auspices de l'unité, mais de la dualité : ce qui est modèle de scientificité en France, apparaît, en Allemagne, incompatible aussi bien avec les exigences d'une discipline ayant pour objet des réalités historiques et culturelles, qu'avec une épistémologie fortement marquée par le néo-kantisme. Comment concevoir cette contradiction ?

Le poids des traditions nationales est une explication à la fois réelle et insuffisante. Il est vrai que la sociologie se développe dans les divers pays selon les lignes qu'y ont tracées les habitudes intellectuelles des milieux qui supportent la nouvelle discipline : idéalisme philosophique en Allemagne, positivisme en France, empirisme et pragmatisme en Angleterre et

1. Nous nous appuyons ici librement sur T. Kuhn, *La structure des révolutions scientifiques,* 1962, 1970, trad. Paris, Flammarion, 1983.

2. Un intérêt nouveau pour l'œuvre de Tarde se fait jour aujourd'hui : réédition de certains textes (*Les lois de l'imitation,* Éd. Kimé, 1993 ; *L'opinion et la foule,* PUF, 1999) ; études (par ex. R. Boudon, G. Tarde, la connexion micro-macro, in *Les études sur les sociologies classiques,* Paris, PUF, 2000, p. 247-272).

aux États-Unis. Mais, simultanément, on aurait tort de croire que la sociologie naissante reste enfermée dans ses cadres nationaux : très tôt les contacts et les traductions lient les diverses traditions. À partir de 1908, des auteurs français comme Durkheim, Tarde, Fouillée, Le Bon sont traduits en Allemagne dans la collection « Philosophisch-Soziologische Bucherei »[1] ; Durkheim, puis Bouglé se rendent en Allemagne et en rapportent des études sur l'état des sciences sociales[2] ; Durkheim participe à la réflexion organisée par la Sociological Society sur les relations entre la sociologie et les sciences sociales, publiée dans les *Sociological Papers* de 1904[3] ; ses œuvres sont traduites en russe dès 1900[4] ; *L'Année sociologique* recense régulièrement la production anglaise et allemande en sciences sociales ; G. Simmel y publia un article, ainsi que dans diverses autres revues françaises...

Les exemples pourraient être multipliés attestant des solidarités internationales de la sociologie naissante. Ils ne doivent cependant pas en cacher les limites : Weber et Durkheim s'ignorèrent[5] ; si, dans l'article « Sociologie » de la *Grande Encyclopédie* de 1900 que signent Fauconnet et Mauss, sont référencés en bibliographie les Belges De Greef et Vandervelde, les Allemands Gumplowicz, Tönnies, Steinmetz, les Américains, Ward, Small, Giddings, le texte présenté ne s'écarte pas de la plus pure orthodoxie durkheimienne ; dans un re-

1. Source : H. Maus, *A Short History of Sociology, op. cit.*, p. 75.

2. É. Durkheim, La science positive de la morale en Allemagne, *Revue philosophique,* t. XXIV, n° 2, 1887, reproduit in *Textes,* t. I, *op. cit.*, p. 267-343 ; C. Bouglé, *Les sciences sociales en Allemagne,* Paris, Alcan, 1896.

3. Source : J. Rumney, La sociologie anglaise, *in* G. Gurvitch, *La sociologie au XXe siècle,* t. 2, Paris, PUF, 1947, p. 569-591.

4. K. Mänicke-Gyöngyösi, The reception of Durkheim in Russia and the Soviet Union, *Études durkheimiennes,* n° 10, Paris, Maison des Sciences de l'Homme, 1984.

5. Sur la difficile introduction de Weber dans la sociologie française, voir M. Hirschhorn, *Max Weber et la sociologie française,* Paris, L'Harmattan, 1988.

cueil publié en 1939 sous l'autorité de Célestin Bouglé, *Éléments de sociologie,* moins de 25 textes sur 170 sont choisis parmi des auteurs étrangers et, parmi ceux-ci, seuls quelques-uns sont des sociologues : Westermark, Giddings, Steinmetz[1].

Cependant, dans ce jeu de l'ouverture et de la méconnaissance, ce qui caractérise les sociologies allemandes et françaises du début du siècle, à la différence de leurs consœurs anglaises ou américaines, c'est leur souci théorique et épistémologique. La sociologie ne va pas de soi. Elle requiert une réflexion sur son fondement et ses procédures. Elle exige une mise en cohérence de l'objet et des données. Les traditions et contextes nationaux ont sans doute joué un rôle décisif de stimulation et d'orientation de cette réflexion. Mais, si la forme et le cadre d'élaboration des programmes durkheimiens et wébériens sont nationaux, leur contenu ne l'est plus ; il définit des modes d'intelligibilité, des paradigmes, qui appartiennent en propre à une discipline qui ne va cesser dès lors de les travailler. De la même manière, la sociologie ultérieure va poursuivre sa construction et innover, en s'appuyant sur ce que les spécificités d'un contexte social et culturel national permettent de faire émerger : après 1914, fondamentalement, la sociologie se construit de l'autre côté de l'Atlantique.

1. C. Bouglé et J. Rafault, *Éléments de sociologie,* Paris, Alcan, 1939.

Chapitre III

LE DÉVELOPPEMENT DE LA SOCIOLOGIE EMPIRIQUE

I. – Une période de maturation

Il est toujours délicat de procéder à une périodisation. Les historiens connaissent bien ce problème : ils ont tendance à faire commencer le XIXe siècle en 1789 et à l'achever en 1914. Nous avancerons la thèse que la sociologie connaît une phase de maturation s'étendant approximativement de la fin de la première guerre mondiale au milieu de la décennie 1950. Ce découpage est, comme tel, arbitraire. Il peut aboutir, dans certains cas, à rassembler deux générations successives. Il nous paraît cependant être le plus pertinent du point de vue de la construction de la sociologie.

Divers éléments de justification, internes ou externes, peuvent être avancés :

a) Au seuil de la première guerre mondiale, la sociologie est fondée. Elle va durant la période ultérieure se développer : de nouvelles revues apparaissent, aussi bien dans ses pays de présence ancienne qu'en Europe centrale ou en Amérique latine ; l'implantation universitaire se renforce, bien que de façon très inégale : forte aux États-Unis, où s'ouvrent de nombreux départements universitaires et en Allemagne où de nombreux cours de sociologie sont créés[1], elle reste en revanche faible en France et en

1. Dirk Käsler, *Die frühe deutsche Soziologie 1909 bis 1934, op. cit.,* recense 40 créations directes ou indirectes – par adjonction de l'intitulé « sociologie » – de chaires de sociologie dans les établissements d'enseignement en Allemagne, de 1919 à 1933 (p. 626-628).

Angleterre, jusqu'à la moitié des années 1950[1]. Cependant, si ce développement innove sur le plan des méthodes et des modes d'approche, il ne crée pas encore, ce qui sera la caractéristique dominante de la période suivante, une segmentation et une autonomisation forte des champs de recherche. Certes des thèmes d'étude s'individualisent – la ville, le travail, la coexistence des minorités ethniques, les groupes marginaux, etc. – mais bien loin de s'y circonscrire, la sociologie reste en rapport étroit avec les disciplines qui, selon les contextes nationaux, ont accompagné son développement : philosophie, sciences de la culture, droit en Allemagne, ethnologie, histoire en France, psychologie sociale et anthropologie culturelle en Angleterre et aux États-Unis.

b) La période qui s'étend de la première guerre mondiale au milieu des années 1950 a une unité sociopolitique assez forte. Elle est marquée par la montée irrésistible du totalitarisme et l'usage de la terreur, direct – les camps de déportation et d'extermination – ou indirect – la guerre froide et l'équilibre nucléaire –, comme mode d'action politique. Cette profonde transformation du contexte social et politique, ses ambiguïtés – la révolution d'Octobre apparaîtra d'abord à beaucoup comme une source d'espoir et l'Armée rouge comme la triomphatrice du nazisme –, ses sollicitations – la guerre d'Espagne et la Résistance feront sortir beaucoup d'intellectuels de leur cabinet –, ne

1. À la veille de la seconde guerre mondiale, il n'y a que cinq chaires de sociologie en France : une au Collège de France (Marcel Mauss), deux à la Sorbonne (Maurice Halbwachs et Albert Bayet) une à Bordeaux (Max Bonnafous) et une à Strasbourg (Georges Gurvitch) ; les autres enseignements sont donnés par des philosophes dans le cadre du certificat « morale et sociologie » de la licence de philosophie (source : J. Heilbron, Les métamorphoses du durkheimisme, 1920-1940, in *Revue française de Sociologie,* vol. XXVI, n° 2, 1985, p. 203-237). À la même époque, en Angleterre, seule la London School of Economics possède un département et une chaire de sociologie (R. E. Kent, *A History of British Empirical Sociology, op. cit.,* p. 125).

toucheront pas seulement la sociologie de l'extérieur. Elles seront à la fois une cause de division et d'intégration : de division avec l'utilisation, par la IIIe Internationale, de la science comme terrain de lutte idéologique et d'affrontement de la « science prolétarienne » à la « science bourgeoise » ; d'intégration par l'émigration forcée d'intellectuels européens, qui, accueillis le plus souvent aux États-Unis, joueront un rôle d'autant plus grand, qu'ils obtiendront le plus souvent d'importantes responsabilités institutionnelles.

Ainsi; par exemple, Pitrim A. Sorokim (1880-1968), russe, ancien secrétaire de Kérenski, exilé en 1922, s'installe aux États-Unis, où il fonde le département de sociologie de l'Université d'Harvard (1931) et devient le président de l'American Sociological Association de 1963 à 1968 ; Paul Lazarsfeld (1901-1976), né à Vienne, docteur en mathématiques appliquées, émigre aux États-Unis en 1931 et fonde en 1940, au département de l'Université de Columbia, un bureau de recherche appliquée en sciences sociales, où il met au point les principales méthodes de l'enquête moderne par questionnaire ; Georges Gurvitch (1894-1965), russe, professeur à l'Université de Minsk, participant à la révolution d'Octobre, mais favorable à un socialisme démocratique, doit s'exiler en 1920. Il enseigne à l'Université de Prague durant trois ans, s'établit en France en 1925, y soutient une thèse en 1932, est nommé professeur à l'Université de Strasbourg en 1935. Menacé, il se réfugie aux États-Unis en 1941 et publie en 1946, avec la collaboration des principaux sociologues américains, un ouvrage de synthèse, *La sociologie au XXe siècle.* De retour en France, il dirige le premier laboratoire moderne de sociologie, le Centre d'études sociologiques (1946), est nommé professeur à la Sorbonne (1949), fonde enfin les *Cahiers internationaux de sociologie* (1954), et, en collaboration avec Henri Jeanne, l'Association internationale des sociologues de langue française (1958).

Si tous les sociologues émigrés ne connurent pas des carrières aussi exceptionnelles sur le plan institutionnel, ils jouèrent un rôle décisif dans la fusion interne des diverses traditions sociologiques, notamment allemandes et anglo-saxonnes : ce fut le cas de Théodor Adorno, de Max Horkheimer, de Karl Mannheim, d'Herbert Marcuse, d'Alfred Schutz... dont nous verrons plus loin la position intellectuelle de premier plan qu'ils occupèrent.

c) Cette période, enfin, consacre la rupture en profondeur de la science moderne et de la science classique, amorcée dès le début du siècle avec les nouvelles théories physiques de la Relativité et des Quanta. Celles-ci n'ont pas un effet direct sur la sociologie, mais elles participent de la mise en place de nouveaux cadres de pensée. Avec le développement parallèle de la logique mathématique moderne et de la pensée axiomatique qu'elle génère, la nouvelle physique trouve dans le positivisme logique du Cercle de Vienne[1] l'une de ses expressions épistémologiques : la science tend à être présentée comme un langage de description du réel, dont il importe de construire la syntaxe et d'épurer le lexique, afin de la distinguer clairement de la métaphysique et d'œuvrer à sa construction unitaire. Cette prévalence de la pensée formelle, cette méfiance vis-à-vis des généralités creuses ou des descriptions littéraires, donneront un ton nouveau à des recherches qui, effectuées dans des domaines voisins, toucheront à un moment donné la sociologie, qu'il s'agisse de la linguistique saussurienne et de la phonologie structurale, de la cybernétique et de la théorie des systèmes, de la théorie des jeux et de l'analyse de la décision. Elles poseront notamment les bases de l'utilisation en sociologie, à côté de statistiques elles-mêmes en plein essor, de mathématiques variées.

1. Le Cercle de Vienne désigne un groupe de philosophes, de logiciens, de physiciens qui se réunissait à Vienne dans le début des années 1920 et qui eut une influence déterminante sur l'épistémologie et la théorie de la science au XXe siècle (voir A. Soulez (éd.), *Manifeste du Cercle de Vienne et autres écrits,* Paris, PUF, 1985).

Symétriquement, cette période verra un renouvellement profond de ce que l'on pourrait appeler la pensée herméneutique. Ne visant pas à saisir des structures latentes, mais à déchiffrer des significations et à rendre compte des spécificités de l'expérience humaine, celle-ci puisera à des sources diverses, qui, mêlant ou séparant leurs eaux, donneront également une tonalité neuve au discours des sciences humaines : la phénoménologie de Husserl – surtout dans sa seconde version –, la philosophie existentielle de Heidegger, l'existentialisme français, le marxisme austro-hongrois, la psychanalyse, bouleverseront le champ des références philosophiques et psychologiques de la sociologie : dans les pays les plus réceptifs à cet apport, comme l'Allemagne et les États-Unis, ils exerceront une influence décisive sur la sociologie. Aux États-Unis, la symbiose traditionnelle entre sociologie, psychologie sociale et anthropologie culturelle constituera ainsi un terrain de choix à la pénétration de la psychanalyse dans les sciences sociales que facilitera par ailleurs l'exil de nombreux analystes autrichiens et allemands.

Le choix de la période étant ainsi justifié, quels éléments convient-il d'en retenir du point de vue de la construction de la sociologie ? Il est clair que, moins encore que dans la période précédente, il n'est possible de faire un passage en revue de travaux et d'auteurs dont le nombre se multiplie.

Faut-il alors insister sur les écoles nationales ? La situation est ici très différente de celle qui précède la guerre de 1914. L'Allemagne connaît sous la République de Weimar, un fort développement de la sociologie, qui se marque aussi bien par son implantation universitaire que par la diversité de ses productions. Si des œuvres comme celles de Max Scheller (1874-1928) ou de Karl Mannheim (1893-1947), défrichent une sociologie de la connaissance, si la phénoménologie de Husserl féconde la sociologie compréhensive grâce notamment à Alfred Schutz (1899-1959), on n'assiste pas, de la part d'une « École allemande de sociologie », à une novation significative dans le procès de construction de la discipline. Celle-ci, en fait, se fera indirectement, par l'influence qu'exerceront ces auteurs sur la sociologie américaine.

Dans un contexte différent, marqué par sa faiblesse institutionnelle, la décimation au feu de sa relève, la crise de son recrutement, l'École française de Sociologie se perpétue en perdant fortement son unité[1]. François Simiand (1873-1935), Maurice Halbwachs (1877-1945), Marcel Mauss (1872-1950) poursuivent, même s'ils l'infléchissent et le complètent, le programme durkheimien[2]. Mauss, aux côtés du Dr Paul Rivet, directeur du musée de l'Homme et de Lucien Lévy-Bruhl, aura une influence déterminante dans la formation d'une nouvelle génération d'ethnologues qui donnera pour longtemps à l'ethnologie française une forte identité : Maurice Leenhart, Marcel Griaule, Alfred Métraux, Roger Bastide, Claude Lévi-Strauss, Georges Balandier... Cependant, la sociologie française ne connaîtra un renouveau comparable qu'après 1950.

Parler d'écoles nationales n'a donc plus, durant cette période, le sens fondateur qu'il avait dans la période précédente[3]. En revanche, une nouvelle forme d'école apparaît : il s'agit le plus souvent du regroupement, dans un institut universitaire commun, de sociologues pratiquant sur une durée suffisante et avec une visibilité éditoriale forte un même style de sociologie ou se référant à un même engagement philosophique. Ce sera le cas, durant cette période, de ce qu'il est convenu d'appeler l'École de Francfort et l'École de Chicago. À un degré moindre, on pourra parler également de l'École de Columbia. Les précarités institutionnelles de la France ne lui permettront pas de connaître un tel phénomène. Seul l'éphémère Collège

1. Voir l'article très détaillé de J. Heilbron, cité ci-dessus.

2. J.-C. Marcel, *Le durkheimisme dans l'entre-deux-guerres,* Paris, PUF, 2001.

3. Cela n'empêche pas les cadres nationaux de continuer à jouer un rôle important, favorisant ou entravant le développement de la discipline.

de sociologie (1937-1939) fondé en marge de l'institution universitaire à la rencontre du surréalisme, de l'ethnologie et de la phénoménologie par Georges Bataille, Jules Monnerot, Roger Caillois et Michel Leiris, pourrait s'en rapprocher.

De telles écoles sont effectivement des lieux où se construit la sociologie durant la période. Mais selon des modalités diverses qui rendent difficile la comparaison : l'engagement philosophique et politique de l'École de Francfort n'a pas grand-chose à voir avec l'invention méthodologique et paradigmatique de l'École de Chicago. L'innovation peut venir également d'ailleurs. Il faut donc poser un critère. Dans le droit fil du chapitre précédent, nous utiliserons le suivant : *Qu'apporte de nouveau cette période dans la manière dont la sociologie interroge, problématise et construit son objet ?* Deux directions fondamentales émergent alors : la constitution d'une réelle sociologie empirique ; la cristallisation de grands « programmes », reprenant ceux de la période antérieure ou ouvrant de nouvelles voies.

Nous y consacrerons ce chapitre et le suivant.

II. – La naissance de la sociologie empirique

1 / Les diverses techniques et procédures de recueil, de traitement et d'analyse des données qui caractérisent la sociologie empirique moderne se mettent en place durant cette époque aux États-Unis. Bien qu'une telle affirmation puisse sembler excessive, elle est parfaitement vraie si l'on entend par « sociologie empirique moderne » la mise en œuvre et la maîtrise par un corps professionnel d'un ensemble d'outils et de procédures considéré comme partie intégrante de son activité scientifique normale et régulière.

Entendue plus largement, comme recueil de données au moyen d'enquêtes et de recensements, cette sociologie puise ses racines dans le mouvement d'observation du social dont nous avons étudié l'émergence au XIXe siècle. Celui-ci est loin de s'interrompre à l'aube des années 1880. Il se perpétue jusqu'à la première guerre mondiale et prend des formes diverses. Lié au renforcement des administrations étatiques, l'appareil statistique se développe et se diversifie : en France, par exemple, la création de l'Office du travail en 1891, institue un observatoire officiel de la classe ouvrière, qui publie plusieurs enquêtes à partir de 1894[1]. L'établissement de monographies ouvrières au sein du mouvement le-playsien se poursuit, tandis qu'en Angleterre la tradition de Booth est perpétuée par les enquêtes de Rowtree, Bowley, et divers autres épigones[2]. En Allemagne, malgré un développement plus tardif – les premières grandes enquêtes datent de 1875[3] – un mouvement important de recherche se met en place à l'initiative d'universitaires, d'éditeurs, de fonctionnaires et de quelques industriels regroupés dans l'organisation Verein für Sozialpolitik, à laquelle participera activement Max Weber.

Cependant le point décisif reste le divorce existant entre l'enquête sociale et la sociologie. Comme le déclare Raymond A. Kent pour l'Angleterre :

> « Tout se passe comme si les bases d'une sociologie empirique pleinement moderne, fondée sur les plans analytique et théorique, allaient soudain émerger de divers côtés. Mais chaque promesse s'avéra être un faux départ. »[4]

1. Source : Michèle Perrot, Les Bonneff et l'enquête sociale au début du XXe siècle, Introduction à la réédition de Léon et Maurice Bonneff, *La vie tragique des travailleurs,* 1908, rééd. Paris, EDI, 1984.
2. Source : D. Caradog Jones, Evolution of the social survey in England since Booth, in *The American Journal of Sociology,* 1941, p. 818-825.
3. Il s'agit d'une enquête sur les conditions de vie dans les usines, commanditée par le Reichstag et d'une sur les ouvriers agricoles, conduite par Theodor von der Goltz à la demande du Congrès des propriétaires fonciers (source : A. Oberschall, *Empirical Social Research in Germany 1848-1914,* Paris - La Haye, Mouton, 1965, p. 19).
4. *A History of British Empirical Sociology, op. cit.,* p. 74.

La situation en Allemagne, bien que différente, aboutit au même résultat.

La proximité entre l'enquête et la sociologie est là bien plus grande. Ferdinand Tönnies, en opposition à une statistique sociale descriptive, procédant par accumulation aveugle de chiffres, cherche à fonder, sous le nom de « sociographie », une véritable sociologie empirique, allant par induction des données aux lois. Il y consacre une grande partie de son activité, multipliant les chiffres et les croisements. Cependant, le résultat, par le manque d'outils mathématiques suffisants pour réaliser les traitements voulus, par la complication des développements, par l'incapacité à associer cette direction empirique à la conceptualisation théorique avancée par ailleurs par l'auteur, aboutit finalement à un relatif échec[1].

Max Weber, de son côté, participe au mouvement du Verein für Sozialpolitik, pour lequel il dirige, directement ou indirectement, diverses enquêtes. Les meilleurs travaux de l'époque, ceux de Paul Göhre, qui se fit embaucher durant trois mois dans une usine de machines-outils de Chemnitz, en 1890, ou d'Adolf Levenstein, qui entreprit la première grande enquête d'attitude consacrée à la classe ouvrière, en 1907, lui étaient d'autant mieux connus qu'il entretint des relations personnelles avec leurs auteurs[2]. Lui-même participe directement à une grande enquête, lancée en 1907 par le Verein, sous la direction de son frère, Alfred Weber. Il s'agit d'étudier l'effet du travail industriel sur les capacités physiques et intellectuelles des travailleurs. Sous l'impulsion de Max Weber, ce travail prend deux directions radicalement neuves : d'une part, il se soumet à une véritable problématique théorique[3] ; d'autre part, il

1. Nous reprenons ici l'étude d'Antony Oberschall, *Empirical Research in Germany, op. cit.*, p. 51-63.

2. P. Göhre, *Drei Monate Fabrikarbeiter,* Leipzig, 1891 ; A. Levenstein, *Die Arbeiterfrage,* Munich, 1912.

3. Max Weber la présente ainsi, en des phrases qui ne sont pas sans rappeler les thèmes de l'*Éthique protestante* : « La présente enquête vise à établir ce qui suit : d'un côté quelles influences l'établissement industriel à grande échelle exerce-t-il sur le psychisme individuel, le sort professionnel et le style de vie de sa force de travail, quelles qualités physiques et psychiques aide-t-il à déve-

procède par questionnaires adressés directement aux travailleurs, et non plus, comme dans les enquêtes de l'époque, remplis par des intermédiaires. Le résultat est cependant un échec : les enquêteurs recrutés pour distribuer les questionnaires et recueillir les informations complémentaires concernant les entreprises se heurtent à l'indifférence des ouvriers : moins de 10 % des questionnaires sont remplis[1].

Aussi, malgré l'ingéniosité des uns et les efforts des autres, en Allemagne également, les linéaments visibles d'une sociologie empirique échouent à fonder une véritable orientation de recherche capable de transformer largement le mode d'exercice de la sociologie. Durant la période suivante, et aussi longtemps que l'influence américaine ne se fera pas sentir, la situation de la sociologie européenne n'évoluera pas fondamentalement sur ce point. Le divorce entre l'enquête sociale et la sociologie se perpétuera : mis à part en ethnologie, l'École française conservera sa tradition de rapport indirect aux faits ; la sociologie allemande maintiendra son intérêt prioritaire pour la théorie, même lorsque avec l'École de Francfort se mettra sur pied un réel programme de recherches empiriques[2]. L'Angleterre quant à elle verra naître, à côté de la poursuite de la tradition initiée par Booth, une forme d'enquête tout à fait originale, baptisée par ses fondateurs « Mass Observation ».

Initiée par un ethnologue, Tom Harrison, et un journaliste, Charles Madge, elle se donnera comme objectif de saisir les habitudes quotidiennes des classes populaires afin

lopper en elle, et comment celles-ci se manifestent-elles dans la conduite de leur vie quotidienne par les travailleurs ? d'un autre côté, comment le développement actuel et potentiel, dans le futur, d'une industrie à grande échelle est-il limité par les caractéristiques des travailleurs qui résultent de leur origine ethnique, sociale et culturelle, de leurs traditions et de leur modèle de vie ? » (source : A. Oberschall, *op. cit.*, p. 114).

1. *Ibid.*, p. 113-131.
2. Cf. chapitre suivant.

d'en « mettre par écrit les lois non écrites et d'(en) rendre visibles les forces non visibles ». L'originalité de l'entreprise sera double : elle tiendra à la méthode et à l'objet. Harrison et Madge firent appel à des volontaires acceptant de noter au jour le jour leurs observations, 30 en 1937, un millier en 1939 auxquels s'ajoutèrent des observateurs à temps complet, chargés d'étudier plus précisément une ville industrielle du nord de l'Angleterre. Aux thèmes antérieurs du travail ou de la pauvreté, par ailleurs, ils substituèrent ceux de la vie, des loisirs et des comportements quotidiens : fumer, aller au pub, suivre les match de foot[1]. Cependant, malgré cette originalité et la diversité des techniques d'observation utilisées, l'insuffisante rigueur de leur mise en œuvre et l'absence de tout fondement théorique ne permettent pas davantage de combler l'écart entre description et explication[2].

2 / C'est aux États-Unis que va véritablement naître la sociologie empirique moderne[3]. Celle-ci n'échappera pas, comme par enchantement, aux difficultés que nous venons de recenser. Elle sera cependant capable de construire une tradition de recherche neuve susceptible aussi bien de s'inscrire dans le cadre d'une discipline académique que de partir à la conquête du siècle et de créer le premier corps de sociologues professionnels.

Rien n'est plus illustratif de cette spécificité que l'itinéraire professionnel d'un sociologue comme Robert E. Park, fondateur de ce qu'il est convenu d'appeler l'École de Chicago : né en 1864, la même année que Weber et tout juste six ans après Durkheim, il n'entra à l'Université qu'en 1914 ! Auparavant après des études menées à l'Université du Michigan, il avait été journaliste,

1. T. Harrison et C. Madge (eds), *First Year's Work, 1937-1938,* Mass Observation, Lindsay Drummond, 1938.

2. Voir *A History of British Empirical Sociology, op. cit.,* p. 117-120.

3. Pour une histoire récente et particulièrement informée de ce développement, voir J. Platt, *A History of Sociological Research Methods in America,* Cambridge, Cambridge University Press, 1996.

puis avait poursuivi son cursus universitaire à Harvard et à Heidelberg, où il avait eu pour professeur le philosophe néo-kantien Windelband et le sociologue Georg Simmel, auprès duquel il avait passé son doctorat en 1904. De retour aux États-Unis, Robert Park avait poursuivi ses activités de journaliste, puis s'était installé dans le Sud, de 1905 à 1914, où il avait été le secrétaire de Boker T. Washington, leader d'une association de promotion et de défense des Noirs[1]. En entrant à 50 ans à l'université, Park avait donc déjà toute une carrière derrière lui. Or celle-ci lui permit précisément, en relation avec ses collègues de Chicago, de fonder un véritable programme de recherche.

Diverses conditions expliquent l'émergence de ce type de sociologie aux États-Unis. Un contexte social favorable, sans aucun doute : une société jeune, en perpétuelle construction où les vagues successives de migrants, s'implantant d'abord dans les grandes villes de l'Est pour y construire des quartiers marqués par leur culture d'origine, définiront un terrain d'enquête permanent, posant les divers problèmes de la coexistence des minorités ethniques, de la constitution des marginalités, de la structuration des communautés ; un développement de formes modernes de gestion des entreprises, des administrations, des grands groupes, ouvrant le monde du travail aux chercheurs, non plus sous les auspices d'une dénonciation des conditions de vie des travailleurs, mais sous ceux d'une analyse des structures organisationnelles et des rôles dévolus aux divers opérateurs. Mais ce contexte ne suffit pas. Pour qu'émerge une réelle sociologie empirique il faut d'autres éléments : un appel régulier, normal, parfois massif aux compétences du sociologue ou de ses pairs pour étudier ces problèmes sur le terrain ; un fonctionnement suffisamment souple du système universitaire pour per-

1. Source : E. W. Burgess, In Memoriam Robert E. Park, 1894-1944, in *The American Journal of Sociology,* 1944, p. 478.

mettre la fécondation réciproque des travaux théoriques et des recherches empiriques, le passage facile et non problématique d'un intérêt à l'autre, la possibilité simultanée – exemplairement illustrée par Park – d'une incursion dans chacun des domaines ; une implantation universitaire suffisamment large pour permettre la constitution sur une durée suffisante de pôles de recherche, de réseaux relationnels, d'instances de débat et de régulation rendant possible, enfin, l'existence, quelque imprécises qu'en soient les frontières, de la sociologie comme discipline académique, c'est-à-dire comme discipline enseignée, capable de constituer pour l'étudiant, le praticien, le chercheur, l'enseignant, un réservoir de références et de manières de faire communes.

Il est certain que – même si ses résultats furent parfois incertains et décevants – la sociologie américaine sut mettre progressivement en place ces diverses conditions. Au début du XXe siècle son institutionnalisation est largement en avance sur celle des autres pays : elle est enseignée, sous une forme ou une autre, dans 227 institutions d'enseignement supérieur par plus de 220 enseignants. Les cours donnés (Sociologie générale, Théorie sociologique, Pathologie sociale, etc.) la définissent comme une discipline autonome, davantage caractérisée par son objet et par les problèmes qu'elle vise que par sa méthode. Cependant peu d'enseignants ont à l'époque suivi eux-mêmes une formation de sociologue. L'utilisation très rapide de manuels *(Textbooks)* va avoir un rôle déterminant dans la fixation de la discipline. Dès 1901, sur une centaine d'ouvrages recommandés par les enseignants, un certain nombre de titres émergent. Le plus utilisé est celui écrit par Albion W. Small – le fondateur du département de sociologie de Chicago – et G. E. Vincent : *An Introduction to the Studies of Society* (1894). Comme la majeure partie des textes de cette époque, il insiste sur les fondements généraux et les grandes divisions de la sociologie, selon le plan suivant : 1. Origine et étendue de la sociologie, 2. L'histoire naturelle d'une société, 3. Anatomie sociale, 4. Physiologie et pathologie sociale, 5. Psychologie sociale[1]. Il ne s'agit pas là encore d'un véritable corps de doctrine, et Small en était bien conscient :

« La sociologie était davantage un intense désir qu'un corpus substantiel de connaissances, un point de vue déterminé ou une rigoureuse méthode de recherche. C'était plutôt une incitation à suivre quelques pistes prometteuses, à voir où elles pourraient mener, qu'un corps bien établi de résultats scientifiques (...) Ni en 1893, ni en 1901, la sociologie ne pouvait prétendre être un corps de doctrine, un point de vue, ou une méthode de recherche. »[2]

Malgré la sévérité de ce propos rétrospectif (1916), l'extrême importance de l'usage des manuels dans la fixation de la discipline, ne doit pas être sous-estimée. Tout au long de son histoire et jusqu'à aujourd'hui la sociologie américaine, pour peu académique qu'elle apparaisse au regard européen, accordera une importance décisive à son enseignement : chaque période verra naître des dizaines de manuels contribuant à intégrer l'héritage ancien aux intérêts nouveaux et à construire la matrice disciplinaire de la sociologie[3]. Si, avant la première guerre mondiale, il s'agissait surtout, comme le rappelait ci-dessus Small, de susciter un intérêt commun, les choses changent significativement dans la période suivante : il s'agit dès lors d'inscrire la sociologie dans une perspective résolument scientifique. Le manuel élaboré par Robert E. Park et Ernest W. Burgess, *Introduction to the Science of Sociology* (1921), inaugurera cette nouvelle perspective et constituera une des grandes références de la sociologie américaine moderne : comptant plus de 1 000 pages, il dépassera le chiffre de 30 000 exemplaires vendus entre 1921 et 1943, ce qui, pour l'époque et un ouvrage de cette ampleur, était tout à fait exceptionnel.

1. Les diverses informations de ce paragraphe sont tirées de l'article de J. G. Morgan, Courses and Texts in Sociology, *Journal of History of Sociology,* 1983, 1, p. 42-65.

2. Cité par J. G. Morgan, p. 57-58.

3. Pour une étude comparative de ces manuels, voir l'article de E. D. McCarthy et R. Das, American sociology's idea of itself : A review of the textbook literature from the turn of the century to the present, *History of Sociology,* vol. 5, n° 2, 1985, p. 21-43.

Le livre se divise en 14 chapitres qui, à l'exception du premier (« La sociologie et les sciences sociales »), ont tous la même structure : une introduction rapide, un important choix de textes regroupés par thèmes, une conclusion en forme d'état du domaine, assortie d'une bibliographie, de sujets de travaux écrits et de questions. Plus de 1 000 auteurs sont référencés, parmi lesquels occupent une place de choix, Simmel, Tarde, Thomas, Durkheim, Cooley... Le projet général est de contribuer à faire entrer, enfin, la sociologie dans l'ère de la science expérimentale :

« La sociologie est actuellement face à la situation dans laquelle était la psychologie avant l'introduction des méthodes de laboratoire, dans laquelle était la médecine avant Pasteur et la théorie microbienne (...). La sociologie apparaît maintenant (...) sur la voie de devenir, d'une façon ou d'une autre, une science expérimentale. Cela arrivera dès qu'elle saura poser les problèmes existant d'une manière telle que les résultats sur un cas établissent ce qui peut et devrait être fourni sur un autre. Des expériences sont menées dans chaque champ de la vie sociale, dans l'industrie, la politique et la religion. Dans tous ces champs, les gens sont guidés par une théorie implicite ou explicite de la situation, mais cette théorie n'est pas ouvertement exposée sous forme d'hypothèses ni soumise à l'épreuve de cas négatifs. »[1]

Ce souci d'inscrire la sociologie dans une perspective expérimentale renoue avec le mot d'ordre durkheimien – les *Règles* sont d'ailleurs l'un des quatre ouvrages de méthodologie générale référencés[2] dans le manuel. Mais alors que chez Durkheim celui-ci s'associait à un mode d'approche exclusivement causal, importé des sciences de la nature, il va, dans la sociologie

1. R. E. Park et E. W. Burgess, *Introduction to the Science of Sociology,* 3e éd., Chicago, The University of Chicago Press, 1969, p. 44-45.

2. Avec A. B. Small, *The Meaning of Social Science,* Chicago, 1910 ; J. H. Bridges, Illustrations of Positivism, in *Methods of Research,* Chicago, 1915 et W. I. Thomas et F. Znaniecki, *The Polish Peasant in Europe and America,* I : *Methodological Note,* Boston, 1918-1920 (*op. cit.,* p. 58).

américaine, se combiner avec une grande diversité de formules méthodologiques, donnant lieu aussi bien à des études ponctuelles ou à des travaux universitaires limités qu'à d'énormes enquêtes mettant à l'épreuve une palette de plus en plus large de techniques d'investigation. Plus encore, il nourrira un débat méthodologique et épistémologique permanent, aboutissant, par la médiation des divers courants de pensée et de leurs conflits, à la systématisation et la codification d'un certain nombre de procédures.

III. – Constitution d'une tradition complexe

1 / L'émergence de la sociologie moderne, en France et en Allemagne, fut fortement marquée, indépendamment de tout autre facteur, par l'intensité du débat et de la réflexion épistémologique. Il se trouve qu'un phénomène identique se produit aux États-Unis dans l'entre-deux-guerres. Les fondateurs de la sociologie américaine du début du siècle, Albion W. Small (1854-1926), Franklin H. Giddings (1855-1931), Edward A. Ross (1866-1951), Charles H. Cooley (1864-1929), avaient eu un rôle historique déterminant : ils avaient favorisé l'institutionnalisation de la discipline (notamment Small à Chicago et Giddings à Columbia) tout en lui imprimant certaines de ses caractéristiques fondamentales : le souci de faire de la sociologie une discipline positive et la réticence à séparer le social du psychologique et du culturel. Mais cela n'avait pas entraîné de véritables grands débats.

À l'inverse, l'entrée dans la période de la « sociologie expérimentale » évoquée par Park et Burgess dans leur manuel va donner lieu à la fois à la production de travaux empiriques nombreux et à un débat prolongé sur les méthodes à utiliser en sociologie. L'issue de ce débat est le plus souvent résumée ainsi : les sociologues de Chicago, fondateurs et défenseurs d'une méthodologie qualitative, privilégiant les études de cas et recourant aux techniques de l'observation et des récits de vie ont été supplantés par ceux de Columbia, promoteurs d'une méthodologie quantitative mettant au premier plan, par l'intermédiaire de questionnaires et d'entretiens standardisés, d'échelles d'attitudes et d'opinions, l'opérationnalisation des concepts et le traitement statistique des variables. Le débat lui-même avait débuté dans le milieu des années 1920, par une attaque contre la méthode de l'étude de cas. Il se poursuivra durant vingt ans, opposant d'un côté les partisans d'un pluralisme méthodologique et de l'autre ceux qui se qualifieront eux-mêmes d' « opérationnalistes »[1]. Il se marquera, institutionnellement, par une crise importante au sein de l'Association américaine de sociologie, qui en 1935, décidera de ne plus considérer *The American Journal of Sociology,* contrôlé par le département de Chicago, comme son organe officiel, et de fonder une revue indépendante, *The American Sociological Review.*

Le débat et son issue ont pu donner lieu à diverses interprétations : substitution d'un « paradigme » à un autre, avec l'émergence, après 1940 du structuro-fonctionnalisme de l'École de Columbia[2] ; lutte « politique » contre l'hégémonie du département de sociologie de l'Université de Chicago, qui était à l'époque, de loin, le plus riche et le plus puissant de la discipline[3] ; transformation structurelle de la société américaine après la seconde guerre mondiale[4]. Les choses, cepen-

1. Voir R. Evans, Sociological Journals and the « Decline » of Chicago Sociology : 1929-1945, *History of Sociology,* vol. 6, 2-7, 1-7, 2, 1986-1987, n° 1-2, p. 109-129.

2. H. Kuklick, A scientific revolution : Sociological theory in the United States, 1930-1945, *Sociological Inquiry,* vol. 43, 1973, p. 3-22.

3. P. M. Lengermann, The founding of the *American Sociological Review* : The anatomy of a rebellion, *American Sociological Review,* vol. 44, n° 2, 1979, p. 185-197.

4. A. P. Pirès, La méthode qualitative en Amérique du Nord : un débat manqué (1918-1960), *Sociologie et sociétés,* vol. XIV, n° 1, 1982, p. 16-29.

dant, apparaissent beaucoup plus nuancées et attestent de la richesse d'une tradition, qui, bien loin de se limiter ou de se complaire dans les affrontements partisans, multiplie les ponts, les passerelles, et favorise par là même l'invention méthodologique.

Chicago ne fut pas la citadelle d'une école doctrinaire, exclusivement centrée sur « la ville comme laboratoire social »[1] et la pratique des études de cas ; elle s'ouvrit très tôt et volontairement aux approches quantitatives et à l'application des statistiques modernes aux phénomènes sociaux. Le recrutement, en 1927, à Chicago, de William F. Ogburn (1886-1959), formé à Columbia et bientôt l'une des figures les plus importantes de l'opposition « opérationnaliste », peut être analysé, non comme une démission ou une aberration, mais comme l'effet d'une politique de département, soucieuse de donner le meilleur enseignement à ses étudiants. Ceux-ci ont bénéficié, en effet, dès 1920 de cours de statistiques donnés par un économiste, J. A. Field, qui avait des relations scientifiques très étroites avec Karl Pearson et son laboratoire de statistiques de Londres. Par l'intermédiaire de Field, les étudiants de Chicago s'initièrent ainsi aux outils qui allaient être ceux de la sociologie quantitative. Avec l'arrivée d'Ogburn se constitua un courant d'autant plus fort que, dans le département voisin, le psychologue Thurstone développait une théorie opérationnaliste des attitudes dont l'usage en sociologie devait se révéler particulièrement efficace. L'un de ses plus brillants étudiants, Samuel Stouffer, joua un rôle essentiel : il remplaça un temps Thurstone dans ses cours de statistiques et consacra sa thèse de sociologie à une étude comparative des attitudes d'un échantillon de 238 étudiants face à la prohibition. On demandait à ceux-ci d'une part de décrire leur vie et d'exprimer leurs opinions sur le problème, d'autre part de remplir une échelle d'attitude construite par Thurstone. Le traitement de ces deux types de matériaux révélait une très grande correspondance entre les résultats obtenus,

1. Selon le titre-programme d'un article de R. E. Park, The city as a social laboratory, 1929, trad. *in* Y. Grafmeyer et I. Joseph (éd.), *L'École de Chicago, naissance de l'écologie urbaine,* Paris, Aubier, 1984.

mais montrait la plus grande fiabilité et surtout le bien moindre coût du traitement quantitatif. Par la suite Stouffer passa deux ans à Londres et compléta sa formation statistique auprès de l'école la plus avancée de l'époque, qui, avec Pearson, Yule, Fisher, Bowley, fournit aux sciences humaines ses instruments fondamentaux d'analyse quantitative : techniques d'échantillonnage, tests de signification, tests de corrélation, analyse multivariée. En 1935, enfin, Stouffer fut nommé professeur à l'Université de Chicago[1].

Cette interdépendance, au sein même du département de sociologie de l'Université de Chicago, des deux courants s'affrontant par ailleurs dans les articles et les ouvrages de méthodologie, montre assez combien leur opposition n'était pas forcément vécue comme irréductible. Tel était bien l'avis de certains protagonistes comme Thomas ou Burgess. Ce dernier écrivait en 1927 :

« Les méthodes statistiques et d'étude de cas ne s'opposent pas ; elles sont en fait mutuellement complémentaires. Les comparaisons et corrélations statistiques peuvent souvent suggérer des pistes pour des recherches à mener selon la méthode de l'étude de cas, et les matériaux documentaires, dans la mesure où ils révèlent des processus sociaux, inviteront inévitablement à la construction d'indices statistiques plus adéquats. Si, quoi qu'il en soit, les statistiques et l'étude de cas peuvent donner leur pleine contribution en tant qu'instruments de recherche sociologique, elles devraient bénéficier d'une égale reconnaissance, et il serait tout à fait opportun que chaque méthode perfectionne sa propre technique. En même temps, l'association des deux peut certainement se révéler féconde. »[2]

On comprend sans doute mieux alors que la tradition américaine comporte simultanément des ouvrages insistant sur les différences (ce qui fut surtout le cas semble-t-il du courant « opérationnaliste », plus à

1. Pour tout ce développement, voir Martin Bulmer, *The Chicago School of Sociology,* Chicago, The University of Chicago Press, 1984, spécialement les chapitres 9 et 10.

2. E. W. Burgess, Statistics and Case Studies as Methods of Sociological Research, *Sociology and Social Research,* 12, 1927, repris *in* M. Bulmer, *op. cit.,* p. 185.

même de procéder à des publications centrées sur des techniques standard), et des ouvrages plus éclectiques s'inscrivant dans la ligne définie ci-dessus par Burgess. Cela aboutit également à une relative autonomisation du travail empirique : si les diverses approches, ou, selon la terminologie utilisée précédemment, les divers programmes de la sociologie américaine tisseront des liens plus étroits avec telle méthode ou telles techniques, celles-ci seront toujours susceptibles d'une utilisation relativement indépendante, comme en témoignent les grandes enquêtes qui ponctuent cette période et constituent le « trésor » de la tradition empirique américaine.

2 / Il est difficile de rendre compte de la multiplicité des travaux empiriques menés aux États-Unis durant cette période[1]. Ils peuvent être classés selon leur objet – la ségrégation urbaine, les communautés, les groupes délinquants, les attitudes électorales, l'organisation du travail, les classes sociales... ; selon leur statut – thèses universitaires, études ponctuelles, grosses enquêtes requérant une organisation de recherche complexe ; selon leur affiliation programmatique – approche écologique (École de Chicago) privilégiant l'étude de cas *in situ* de groupes « naturels », approche culturaliste mettant en avant l'étude de communautés, approche fonctionnaliste s'intéressant d'abord aux systèmes organisationnels et aux divers rôles qu'ils définissent, approche interactionniste[2]... Nous choisirons de présenter deux recherches, *Le paysan polonais* et *Le soldat américain* qui encadrent cette époque. Elles appartiennent au noyau central de la tradition américaine et en illustrent exemplairement l'inventivité et la diversité méthodologique.

1. Voir T. Caplow, *L'enquête sociologique,* Paris, Armand Colin, 1970.

2. Nous reprenons là la typologie à quatre termes établie par Nicolas Herpin, *Les sociologues américains et le siècle,* Paris, PUF, 1973, chap. 1 et 2. Notons que l'auteur n'utilise pas le terme de « programme » mais celui de « problématique ».

En 1918, William I. Thomas et Florian Znaniecki publient *The Polish Peasant in Europe and America. Monograph of an Immigrant Group.* Bien que moins lue à l'époque que d'autres travaux ultérieurs, cette enquête – qui ne fut que très tardivement et partiellement traduite en français[1] – est souvent considérée comme l'acte de fondation de la sociologie américaine moderne. Elle précède d'assez peu le manuel de Park et de Burgess et l'ouvrage collectif, *The City*[2], qui, en 1925, apparut comme une sorte de manifeste de l'École de Chicago, à laquelle appartenait également Thomas.

Le travail se présente sous la forme de cinq volumes associant la retranscription de données brutes à des synthèses théoriques et à des commentaires méthodologiques. Il étudie, à travers un matériau biographique composé essentiellement de lettres de paysans polonais, les formes d'organisation sociale de ce groupe déterminé et ses modifications en situation d'immigration. Le point de départ de la recherche était accidentel : William I. Thomas avait obtenu d'une fondation privée des financements pour l'étude de l'immigration européenne aux États-Unis. La présence d'une colonie polonaise importante à Chicago avait orienté les recherches vers ce pays. La rencontre avec Florian Znaniecki, directeur de la Société de protection des émigrants à Varsovie, poète et philosophe, sera décisive. Elle fournira à Thomas les matériaux autobiographiques et donnera à l'œuvre commune toute sa portée épistémologique grâce à la rédaction, par Znaniecki, d'une longue note introductive de plus de 80 pages, intitulée simplement « Note méthodologique ».

Le caractère exemplaire et fondateur du *Paysan polonais* tient dans sa capacité à articuler rigoureusement les lignes de réflexion de la sociologie américaine de l'époque à un

1. Sous le titre *Fondation de la sociologie américaine* (S. Guth, dir.), Paris, L'Harmattan, 2000.

2. Partiellement traduit en français dans le recueil constitué par Y. Grafmeyer et I. Joseph, *L'École de Chicago, naissance de l'écologie urbaine, op. cit.*

matériau empirique de type nouveau – les documents autobiographiques – dont la portée théorique et épistémologique est minutieusement analysée dans la note méthodologique introductive. À la différence des travaux référant aux traditions empiriques ou théoriques antérieures, tendant à négliger un pôle au détriment de l'autre, leur complémentarité est inscrite dans l'organisation même de l'ouvrage : une sélection des documents servant de base à l'analyse est reproduite *in extenso* dans les volumes I à III : il s'agit d'une part de séries de lettres, regroupées en trois catégories (correspondances au sein du groupe familial, entre maris et femmes, hors du groupe familial) et présentées famille par famille, d'autre part du long récit de vie *(life record)* d'un immigrant (vol. III). Ces données brutes sont précédées d'une présentation générale des conditions de vie du paysan polonais (vol. I) et suivies d'une analyse théorique du changement social les affectant aussi bien en Pologne qu'aux États-Unis (vol. IV et V).

S'il est tout à fait neuf de présenter des données brutes de cette ampleur et de faire appel à un matériel autobiographique pour traiter de problèmes sociologiques, si l'adjonction à ces données d'une dimension théorique élimine le défaut classique des enquêtes sociales antérieures, c'est cependant la note méthodologique qui révèle le mieux le travail de construction scientifique accompli. Malgré sa modestie apparente, cette note appartient en propre au courant de réflexion sur soi par lequel la sociologie s'est construite comme science et qu'illustrèrent avant elle les *Règles de la méthode sociologique* ou les essais épistémologiques de Max Weber. La sociologie y est clairement distinguée du sens commun. Son objectif est de rendre compte de la vie d'une société donnée dans son ensemble (« account the whole life of a given society »[1]). Pour ce faire, comme la science ne peut rendre compte de « la réalité concrète, dans sa totalité empirique », il importe de se « limiter à certaines données, importantes sur le plan théorique ». Insistant sur l'interdépendance entre l'individu et l'organisation sociale, Thomas

1. *The Polish Peasant in Europe and America,* Boston, Richard G. Badger, 1918, vol. I : *Methodological Note,* p. 18, trad. in *Fondations de la sociologie américaine, op. cit.*, p. 43-111.

et Znaniecki proposent les concepts de « valeur » et d' « attitude » pour rendre compte de ces deux pôles : est valeur tout objet social doté d'une signification et susceptible de susciter par là une action ; est attitude toute représentation consciente chez l'individu d'une action possible. Rendre compte du social consiste donc à saisir l'articulation nécessaire de ces deux éléments. Mais, cela désigne le champ commun à diverses disciplines, qui se distingueront selon le domaine étudié (l'art, l'économie, la religion...) et selon le pôle mis en avant : valeurs ou attitudes. La sociologie se distingue en ce qu'elle étudie un type particulier d'attitudes : celles qui s'organisent en modèles ou en règles *(rules)* définissant des systèmes ou institutions sociales. La dualité des déterminants de l'action sociale, objectifs d'un côté (valeurs et attitudes instituées en règles), subjectifs de l'autre (attitudes en général et rapport aux règles) définit la spécificité de la causalité en sciences sociales : « La cause d'une valeur ou d'une attitude n'est jamais une valeur ou une attitude seule, mais toujours une combinaison entre une valeur et une attitude » (p. 44). Cette combinaison introduit à une causalité complexe, autorisant, pour la mettre en évidence, l'usage de la monographie et le recours à l'induction, ce que tente, précisément, l'enquête sur *Le paysan polonais*.

Au cours de la seconde guerre mondiale, la *Research Branch, Information and Education Division* de l'armée américaine, placée sous la responsabilité du général Frédérick Osborn, décide de lancer diverses enquêtes visant à mettre en évidence l'attitude des soldats vis-à-vis des problèmes posés par la guerre. Ce travail sera l'un des plus importants de l'histoire de la sociologie empirique : il mobilisera plus de 130 collaborateurs scientifiques ; de décembre 1941 à août 1945, 243 enquêtes différentes seront menées, touchant en tout près de 500 000 soldats. Les thèmes les plus variés seront abordés, des attitudes vis-à-vis du commandement, de la solde, des relèves, etc., aux préférences dans les lectures, les loisirs, et même les cadeaux de Noël ! Il donnera lieu à une centaine de rapports qui aboutiront à la publication de quatre volumes intitulés *Studies in Social Psychology in World War II*[1].

La rédaction en sera confiée aux sociologues et psychosociologues directement impliqués et notamment à Samuel A. Stouffer, l'une des figures de proue du courant opérationnaliste. Aussi, alors que *Le paysan polonais* inaugurait et illustrait une sociologie empirique fondée sur l'étude monographique de matériaux biographiques, *Le soldat américain* présente l'état le plus achevé d'une approche quantitative, intégrant les diverses techniques des échelles d'attitudes et du calcul des coefficients de corrélation.

Chaque chapitre isole un problème. Celui-ci peut avoir la forme préalable d'une relation : « Comment l'adaptation personnelle varie selon les caractéristiques fondamentales de l'individu » (chap. IV) ; « Comment l'adaptation personnelle varie selon le type d'expérience militaire » (chap. V). Il peut avoir celle d'une étude segmentaire : « La mobilité sociale au sein de l'armée » (chap. VI) ; « Les soldats noirs » (chap. X)... Dans tous les cas ce qui est fourni se présente comme un tableau organisé de faits, constitué de la ventilation des réponses à une question déterminée, du croisement de diverses variables, des scores d'une échelle d'attitude, d'extraits illustratifs d'entretiens... Le fondement d'une telle entreprise est exclusivement méthodologique. Il consiste à considérer deux choses : d'une part, qu'il est possible d'isoler et de mesurer des « attitudes » ; d'autre part, que celles-ci peuvent être significativement reliées à des caractéristiques propres aux individus (race, origine, niveau d'étude, etc.) ou à leur mode d'insertion dans l'organisation étudiée (statut, arme, expérience du combat, etc.). Le concept d'attitude n'est pas ici, comme plus haut chez Thomas et Znaniecki, solidaire d'une construction spécifique de l'objet. Il est un outil d'investigation. Dans le chapitre I, « Comment ces volumes ont été produits », Stouffer explique que s'il n'est pas possible de s'accorder sur une défi-

1. Samuel A. Stouffer *et al.*, Princeton, NJ, Princeton University Press, 1949.

nition philosophique du terme d'« attitude », il est par contre loisible d'en faire un usage opérationnel rigoureux. Ainsi, par exemple, dans le chapitre III, « Comment varie l'adaptation personnelle à l'armée. Considérations préliminaires », la méthode suivante est exposée :

- définition du concept d'adaptation du point de vue de l'organisation concernée (l'armée) et détermination de deux dimensions fondamentales : le comportement non verbal (accessible à travers divers faits d'acceptation ou de refus), et le comportement verbal (expression d'une satisfaction ou d'une insatisfaction accessible au moyen du questionnaire d'enquête) ;
- décomposition de la dimension verbale en diverses composantes et construction de questions bâties sous forme d'échelles afin de les mesurer ;
- calcul des moyennes des réponses à chaque échelle pour les divers groupes définis dans la population étudiée (officiers, engagés, appelés...), et comparaison de ces moyennes ;
- comparaisons stabilisées, selon la méthode d'égalisation des groupes, des moyennes obtenues à diverses questions par deux ou plusieurs groupes, au cours de *n* enquêtes, et construction de tableaux synthétiques ;
- établissement, par systématisation de ces comparaisons, de corrélations dominantes entre grandes variables, telles que niveau d'étude et moral ou niveau d'étude et approbation ou critique de l'armée.

Progressant ainsi par niveaux successifs, la méthode est capable d'opérer la synthèse des données standardisées recueillies dans *n* enquêtes différentes et de produire des relations du type : un niveau d'études plus élevé entraîne une meilleure adaptation à l'armée malgré une vision plus critique de son fonctionnement.

3 / Construite et éprouvée aussi bien à travers de grandes enquêtes de ce type que par la multiplication de travaux de toute sorte, la sociologie empirique américaine associe pour la première fois invention méthodologique et souci épistémologique. Elle élargit et systématise le cadre des techniques d'investigation

et de traitement des données construit antérieurement et soumet leur usage à une réflexion sur l'intérêt et la portée des résultats obtenus. Elle crée durablement des méthodologies, qui bien que pouvant se réclamer de conceptions différentes, constitueront le bagage commun de la discipline : la tradition de l'étude de cas institue un rapport au terrain – observation directe le plus souvent – et aux données – combinaison et interprétation de matériaux « symboliques » – qui se perpétuera dans des directions diverses ; celle de l' « opérationnalisme », plus facilement formalisable, donnera lieu à de multiples manuels et à tous les raffinements que rend possibles l'évolution parallèle des statistiques. La standardisation de l'enquête quantitative sera fortement encouragée par l'usage croissant qu'en feront les instituts de sondage d'opinion. Cela aura deux effets : d'une part de permettre, par une sorte d'épuration progressive, de parvenir à une formalisation relativement rigoureuse de la logique de la recherche ; d'autre part de risquer d'encourager un usage instrumental et mercantile d'un outil qui, détaché d'une problématique scientifique d'ensemble, aboutira rapidement à la multiplication de données insignifiantes, tout en acquérant la légitimité que procure le langage mathématique et l'hégémonie qu'entraîne une utilisation facile et économique. Pitrim Sorokin dénoncera cela en 1956 comme une « quantophrénie » et une « numérologie » envahissant la sociologie et les sciences sociales :

« Chacun est devenu, sous l'égide de cette épidémie de quantophrénie, chercheur scientifique ou enquêteur savant, pour peu qu'il prît quelques feuilles de papier, qu'il les remplît de questions de tout acabit, qu'il envoyât des questionnaires à tous les correspondants possibles, qu'il reçût des réponses, les classifiât d'une façon ou d'une autre, en décomptât le contenu avec une machine à calculer et disposât les résultats en “tables” (ceux-ci indiquant des pourcentages obtenus pour ainsi dire machinalement, des coefficients de corrélation, des indices, des corrections pour les déviations normales et autres erreurs probables), pourvu enfin qu'il écrivît un article ou un livre bourré de chiffres, de tables, de formules et d'indices, toutes preuves tangibles d'une recherche "objective, systématique, précise, quantitative". »[1]

1. P. Sorokim, *Tendances et déboires de la sociologie américaine,* 1956, trad. Paris, Aubier, 1959, p. 221.

Chapitre IV

LES GRANDS PROGRAMMES DE LA SOCIOLOGIE MODERNE

En 1953, Robert K. Merton faisait, trois ans avant Pitrim A. Sorokin, le constat du divorce existant entre la réflexion théorique, uniquement éprise de sens, et la recherche empirique, exclusivement attentive aux faits, au sein de la sociologie[1]. Il révélait ainsi la permanence d'un problème apparu dès les prémices du XIXe siècle et que l'on peut formuler ainsi : *Comment une thèse peut-elle être à la fois pertinente et valide ?* Il ne suffit pas que la théorie soit conceptuellement satisfaisante et la description empirique rigoureusement vérifiable pour que ce lien s'établisse. Il ne suffit pas non plus que soient dégagées les implications philosophiques d'une méthode ou esquissées les conséquences méthodologiques d'une position théorique pour que, *par simple affinité logique,* la relation s'établisse[2]. En fait un troisième élément doit être pris en compte : selon les auteurs, on l'appellera approche, paradigme, programme, cadre analytique, mode d'intelligibilité[3]. Il s'agit d'une manière déterminée de construire, à la fois théoriquement et empiriquement, l'objet d'étude, en privilégiant une structure explicative fondamentale.

1. R. K. Merton, *Éléments de théorie et de méthode sociologique,* 1953, trad. Paris, Plon, 1965.
2. Voir J. Platt, Fonctionalism and the survey ; the relation of theory and method, *The Sociological Review,* vol. 34, n° 3, 1986, p. 501-535, et la discussion qui s'ensuivit (articles de D. Layder, J. Platt et M. Bulmer, in *The Sociological Review,* vol. 36, n° 3, 1988, p. 441-474).
3. Cf. J.-M. Berthelot, *L'intelligence du social, op. cit., Les vertus de l'incertitude,* Paris, PUF, 1996, ou J. Herman, *Les langages de la sociologie,* Paris, PUF, « Que sais-je ? », 1983.

Le programme causaliste de Durkheim, le programme « compréhensif » de Weber étaient de ce type. Afin de rendre compte de leur perpétuation dans la période suivante, ainsi que du développement d'autres cadres, une opposition commode peut être utilisée. Toute analyse sociologique porte sur des comportements d'individus situés dans des contextes institutionnels déterminés. Si l'on insiste sur l'effet de ces contextes sur les comportements, on adopte une perspective qualifiée d'« objectiviste ». Si, à l'inverse, on privilégie les motivations des individus, la perspective est dite « subjectiviste ». Nous adopterons ce principe organisateur, tout en montrant en troisième point, ses difficultés à répondre à certaines questions vives du siècle.

I. – Causes, structures, fonctions, systèmes

Autour de ces termes s'organisent divers programmes, dont les prémices apparaissent dès le XIXe siècle, mais dont le déploiement ultérieur dépendra de divers facteurs.

1 / *Le causalisme.* L'analyse causale avait été clairement privilégiée par Durkheim, tant d'un point de vue théorique – soumettre les faits sociaux au principe de causalité – que méthodologique : pour tout phénomène, s'attacher à saisir les « variations concomitantes » qui le déterminent. Cependant sa mise en œuvre par Durkheim était marquée d'une double limite : il n'appliquait l'analyse quantitative de ces variations qu'à des statistiques préexistantes et il ne disposait que d'outils mathématiques rudimentaires. Ces deux points sont précisément ceux sur lesquels vont porter les efforts ultérieurs : par le développement de techniques de recueil de données permettant leur exploitation statistique ; par l'application d'outils mathématiques affinés et, notamment d'indices de corrélation. Ces deux avancées ont été liées au développement de la recherche empirique, telle qu'il a été présenté dans

le chapitre précédent. Elles ont donné lieu, cependant, à davantage : à une véritable codification de la logique de construction des variables et de l'analyse des tableaux croisés auxquels aboutissait leur traitement. Paul Lazarsfeld[1] fut l'âme de ce mouvement qui, durant la période qui suivit la seconde guerre mondiale, accueillit de nombreux travaux. Raymond Boudon, après être allé étudier auprès de Lazarsfeld, fit une synthèse remarquée de ces divers travaux, à l'occasion de sa thèse[2]. Il y soulignait, notamment, leur continuité méthodologique avec les analyses proposées par Durkheim dans *Le suicide.*

2 / *Du fonctionnalisme au systémisme.* Dès le XIXe siècle, l'appréhension des phénomènes sociaux a été marquée par une intuition forte : celle de leur appartenance à la société comme à un tout. Cette notion recouvre trois idées :

- la nécessité d'opérer une distinction entre un ensemble et ses éléments ;
- la constitution de ces éléments comme étant non seulement des parties de l'ensemble, mais comme contribuant à son fonctionnement ;
- l'irréductibilité du tout à la somme de ses parties, ou, en d'autres termes, la prééminence du tout sur les parties.

Appliquée à la sociologie, cette conception – souvent qualifiée de « holiste » – avait pu donner lieu à diverses dérives organicistes au siècle précédent. Elle va, à l'inverse, dans la période qui nous occupe, révéler que, dès lors qu'elle est traitée avec rigueur, elle

1. Il fonda The Bureau of Applied Social Research de l'Université de Columbia et publia en 1955, avec Morris Rosenberg, un recueil de textes choisis, constituant un manuel majeur de l'analyse causale et de ses problèmes, *The Language of Social Research* (adaptation française en 3 tomes, Paris, Mouton, 1965-1970). Sur l'œuvre et la vie de P. Lazarsfeld, voir J. Lautman et B.-P. Lécuyer, *Paul Lazarsfeld, 1901-1976. Sociologie de Vienne à New York*, Paris, L'Harmattan, 1998.

2. *L'analyse mathématique des faits sociaux,* Paris, Plon, 1967.

peut constituer un cadre d'analyse particulièrement fécond.

Sa première forme est le *fonctionnalisme,* qui s'implantera d'abord en anthropologie, avant de gagner la sociologie[1]. Une des raisons en est que l'anthropologie a affaire à des sociétés de dimensions restreintes qu'il est possible de considérer dans leur totalité.

Soit le problème suivant : dans une société, il arrive souvent que l'on repère une coutume ou une institution qui apparaît bizarre et anachronique par rapport au fonctionnement actuel de la société considérée. L'anthropologie classique a tendance à considérer de tels phénomènes comme des « survivances », des « résidus » ou des « emprunts » à d'autres cultures. Les deux premiers termes renvoient à une conception évolutionniste, le troisième à une approche diffusionniste. Dans les deux cas le phénomène est isolé de son environnement actuel : « Au lieu de chercher la fonction actuelle d'un fait culturel, l'observateur se contente d'aboutir à une entité rigide et autonome. »[2]

À l'inverse de cette attitude, Bronislaw Malinowski (1884-1942), premier anthropologue à avoir mené des études de terrain longues et suivies, professeur à la London School of Economics et chef de file avec Alfred R. Radcliffe-Brown de l'École britannique d'Anthropologie qui s'épanouira entre les deux guerres, avance la thèse que si un fait culturel persiste c'est qu'il remplit une fonction actuelle dans la société considérée.

Pour asseoir la légitimité de cette thèse, Malinowski élabore une théorie de la culture fondée sur les notions de besoins et de satisfaction des besoins. Toute société manifeste des besoins élémentaires, liés à la nature biologique de l'homme, et des besoins dérivés liés à sa propre exigence de survie : bien-être corporel, sécurité, santé... appartiennent à la première catégorie ; production économique, règles juridiques, socialisation de la nouvelle génération, définition

1. Pour une analyse très détaillée du fonctionnalisme, voir Jacques Coenen-Huther, *Le fonctionnalisme en sociologie : et après ?,* Bruxelles, Éd. de l'Université de Bruxelles, 1984.

2. B. Malinowski, *Une théorie scientifique de la culture,* 1944, trad. Paris, Le Seuil, « Points », 1970, p. 31.

des pouvoirs... à la seconde. Les faits culturels, et plus précisément les institutions, sont des réponses à ces besoins. Une institution se définit donc par sa finalité et sa fonction actuelles : « Analyse fonctionnelle et analyse institutionnelle sont intimement liées » (*ibid.*, p. 94).

Le fonctionnalisme de Malinowski a deux aspects : d'une part il développe une conception théorique de la société et de la culture ; d'autre part, articulé avec cette conception, il propose un programme d'analyse des phénomènes qui peut se ramener aux deux points suivants :

- pour tout phénomène X étudié, rechercher l'institution à laquelle il se rattache :

« Je mets au défi quiconque de citer un objet, une activité, un symbole, un type d'organisation qui ne puissent prendre place dans une institution quelconque, lors même que certains objets relèvent de plusieurs institutions et jouent auprès de chacune d'elles un rôle déterminé » (*ibid.*, p. 136).

- rechercher la fonction remplie par l'institution et rendre compte de X à partir de cette dernière.

Le fonctionnalisme touchera la sociologie dans l'entre-deux-guerres aux États-Unis, où diverses études dites de collectivité se feront plus ou moins sous ses auspices. Mais c'est essentiellement par l'intermédiaire de Robert K. Merton (1910-2002) et de Talcott Parsons (1902-1979) qu'il se constituera comme paradigme dominant de la sociologie américaine de l'après-guerre.

Robert K. Merton a joué un rôle déterminant dans cette entreprise. Pour la première fois dans l'histoire de la sociologie, il cherche à codifier un mode d'analyse explicitement reconnu comme tel, c'est-à-dire distinct aussi bien d'un système théorique que d'un ensemble de techniques.

Le fonctionnalisme de Malinowski reposait sur un certain nombre de postulats. En explicitant ceux-ci et en les soumettant à une critique détaillée, Merton opère une distinction décisive entre fonctionnalisme et analyse fonctionnelle : le premier est une conception générale peu fondée, toujours menacée de virer à la doctrine ou au procédé ; la seconde définit un programme d'analyse dont précisément Merton va s'attacher à codifier les termes.

Les trois postulats dénoncés par Merton sont ceux de « l'unité fonctionnelle de la société », « du fonctionnalisme universel » et de « la nécessité »[1]. Ces trois postulats impliquent qu'une institution donnée exerce une fonction par rapport à la société tout entière (postulat 1), qu'elle est toujours positive (postulat 2), et nécessaire (postulat 3). Or cela suppose un niveau d'intégration de la société qui le plus souvent n'est pas réalisé : à l'inverse une institution ou un fait culturel peuvent remplir une fonction partielle et limitée ; ses conséquences peuvent être positives pour certains secteurs de la société et négatives pour d'autres ; la fonction enfin peut subsister alors que l'institution disparaît, remplacée par une autre. Il y a donc une souplesse et une subtilité dans le maniement de l'approche fonctionnelle que méconnaît totalement le fonctionnalisme embourbé dans le simplisme de la relation besoin-institution.

L'analyse fonctionnelle exige pour se déployer que cette subtilité soit explicitée par un certain nombre de concepts. Dans un texte remarquable, intitulé *Un paradigme de l'analyse fonctionnelle* (p. 100-105), Merton procède à cette opération :

a) il substitue à la notion de « besoin », utilisée par Malinowski, celle d'« exigence fonctionnelle », pour désigner, de la façon la plus neutre possible, le problème des conditions de survie d'un système ;
b) il indique qu'une même « exigence fonctionnelle », peut être remplie par des institutions ou des faits culturels différents, jouant alors le rôle « d'équivalents ou de substituts fonctionnels » ;
c) il problématise enfin le concept de fonction en opérant une double distinction :

1. R. K. Merton, *Éléments de théorie et de méthode sociologique, op. cit.,* chap. III : « L'analyse fonctionnelle en sociologie », p. 73-86.

d) si une fonction est identifiée à partir des conséquences résultant de la mise en œuvre d'une institution ou d'un fait standardisé donné, ces conséquences ne sont pas forcément et de façon univoque positives : elles peuvent être positives (ou fonctionnelles) par rapport à un sous-système donné et négatives (ou dysfonctionnelles) par rapport à un autre. Il importe donc, pour juger de la fonctionnalité de cette institution ou de ce fait, d'établir « le solde net du faisceau des conséquences » ;

e) une conséquence peut être voulue – par le législateur ou par les acteurs – et renvoyer ainsi à des motifs et des buts conscients ; elle peut être également non voulue, non désirée ; on parlera dans le premier cas de « fonction manifeste » et, dans le second, de « fonction latente ».

Ainsi armée, l'analyse fonctionnelle perd son arrière-fond dogmatique et tautologique et devient l'instrument d'analyse du mode de participation d'un fait culturel ou d'une institution aux diverses structures du système qui l'implique. Merton en donne une célèbre illustration en analysant la machine politique américaine (p. 126-138) : malgré les condamnations dont elle fait souvent l'objet pour ses liens avec la pègre, sa tolérance envers la corruption, la toute-puissance de ses boss, sa permanence est liée aux fonctions latentes qu'elle remplit, notamment, à travers le clientélisme politique, d'aide et d'assistance concrète aux plus démunis :

« Dans ce combat entre des structures de remplacement pour l'accomplissement d'une seule et même fonction, à savoir de fournir de l'aide et du soutien à ceux qui en ont besoin, il est évident que le politicien de quartier est mieux intégré dans le groupe qu'il sert que l'assistante sociale, impersonnelle, professionnalisée, socialement distante et bridée par les lois » (*ibid.,* p. 129).

L'entreprise de Merton visait à clarifier et expliciter un mode d'analyse qui devait s'avérer dominant dans la sociologie américaine de l'après-guerre notamment grâce à sa capacité d'analyser des sous-systèmes sociaux divers : ceux-ci peuvent en effet être appréhendés aussi bien dans leur unité physique, selon la tradition de la monographie – étude d'une ville, d'un établissement scolaire, d'une organisation... –, que saisis à travers un échantillon d'attitudes et de comportements permettant de construire le *système de rôles* d'une population déterminée – médecins, enseignants, politiciens... L'analyse en termes de fonction y résulte cependant d'un point de vue consistant à partir de l'élément. Une perspective inverse peut mettre en avant le système et l'analyse de ses lois internes de régulation, à l'image de ce que réalise, à l'époque, la cybernétique. L'analyse fonctionnelle va ainsi pouvoir déboucher par ce déplacement sur *l'analyse systémique.* Celle-ci sera d'abord associée à la manière spécifique dont Talcott Parsons réélaborera le fonctionnalisme.

L'œuvre de Talcott Parsons, professeur de l'Université de Harvard et docteur de l'Université de Heidelberg, est considérable et a eu un poids énorme aux États-Unis jusqu'aux années 1970. Il s'agit avant tout d'une entreprise de construction d'un cadre conceptuel systématique capable de rendre compte de l'action humaine. Talcott Parsons, qui traduisit *L'Éthique protestante* de Max Weber dès 1930, inaugurait ainsi un style d'intérêt théorique qui renouait, par-delà les débats méthodologiques de la sociologie empirique, avec les intentions globalisantes des pères fondateurs, dont il cherchait à reconstituer le noyau commun de préoccupations[1]. Le cadre construit met au premier plan la notion de système et définit quatre impératifs fonctionnels communs à tout système quel qu'il soit : adaptation à l'environnement, réalisation des objectifs, intégration, cohérence et réduction des tensions[2]. Il analyse ensuite, à chaque niveau d'un système donné, les sous-systèmes qui remplissent les quatre impératifs fonctionnels définis ci-dessus : pour l'action humaine considérée comme système, le sous-

1. Ce fut l'objet de son premier livre, *The Structure of Social Action,* New York, McGraw-Hill, 1937.
2. Il s'agit de ce qui a été appelé le système AGIL (de Adaptation, Goal attainment, Integration, Latent pattern maintenance).

système social remplit la tâche d'intégration. Pour ce sous-système lui-même divisé en quatre, c'est la communauté sociétale qui remplit cette fonction[1].

Moins opérationnelle et moins souple que l'approche fonctionnelle codifiée par Merton, la systématique de Parsons ouvre néanmoins sur un programme d'analyse plus général qui sera davantage exploré par la suite : le programme systémique, qui, partant du fonctionnement de systèmes physiques, biologiques, économiques, se centrera sur des questions de régulation, de rétroaction et de téléonomie[2].

3 / *Le structuralisme.* À l'instar du fonctionnalisme, ce programme s'élabore au sein de l'anthropologie. Il recueille même, d'une certaine façon, l'héritage de Malinowski et de Radcliffe Brown. Mais, à la différence de ces derniers, au lieu de puiser dans l'analogie biologique, c'est auprès de la linguistique moderne qu'il trouve le paradigme de ses analyses.

Dans l'un de ses premiers textes, paru en anglais en 1945[3], Claude Lévi-Strauss présente une approche qu'il mettra systématiquement en œuvre dans son premier grand travail, *Les structures élémentaires de la parenté*[4]. Celle-ci est directement inspirée de la linguistique et plus spécifiquement de la phonologie à laquelle Lévi-Strauss rend un hommage appuyé :

> « La phonologie ne peut manquer de jouer, vis-à-vis des sciences sociales, le même rôle rénovateur que la physique nucléaire a joué pour l'ensemble des sciences exactes » (p. 39).

1. Voir T. Parsons, *Éléments pour une sociologie de l'action,* Paris, Plon, 1955 ; *Sociétés, essai sur leur évolution comparée,* Paris, Dunod, 1973 ; G. Rocher, *Talcott Parsons et la sociologie américaine,* Paris, PUF, 1972 ; F. Chazel, *La théorie analytique de la société dans l'œuvre de Talcott Parsons,* Paris, Mouton, 1974.

2. Pour une introduction à l'ensemble de ces éléments et aux diverses modalités d'approche systémique en sociologie, voir J.-C. Lugan, *La systémique sociale,* Paris, PUF, « Que sais-je ? », 1993.

3. Édité en français sous le titre L'analyse structurale en linguistique et en anthropologie, dans le recueil *Anthropologie structurale,* Paris, Plon, 1958, p. 39-62.

4. Paris, PUF, 1949.

Avec la phonologie est introduite l'idée de structure formelle, fonctionnant selon les règles d'une combinatoire : un élément n'a pas en soi de valeur ; celle-ci lui est conférée par la structure formelle du système considéré, qui n'est, elle-même, qu'une des options définies par l'ensemble des combinaisons possibles des éléments considérés : ainsi, ce n'est pas la couleur rouge du feu qui signifie l'arrêt, mais la nécessité d'un code visuel à deux ou trois positions qui sélectionne, parmi les couleurs, les plus discriminantes et leur attribue arbitrairement une signification. Appliquée à certains faits culturels, cette démarche peut se révéler particulièrement efficace.

Dans le texte de 1945, Lévi-Strauss prend pour exemple l'institution de l'avunculat : dans certaines sociétés les rapports entre l'oncle maternel et le neveu ont une forte qualification ; le neveu est sous l'autorité de son oncle. On a cru d'abord à une survivance d'un éventuel matriarcat ; puis à une manifestation fonctionnelle d'un régime matrilinéaire, c'est-à-dire d'un régime de filiation où l'enfant appartient au clan maternel. Mais on note la présence de l'avunculat dans des sociétés patrilinéaires. Pour résoudre cette énigme il faut en fait analyser le système de parenté des sociétés archaïques : celui-ci révèle l'existence de deux relations symétriques : entre oncle maternel-neveu et père-fils d'un côté ; entre frère-sœur et mari-femme de l'autre. Pour chaque relation lorsque l'un des deux rapports qui le composent est autoritaire et distant, l'autre est familier et chaleureux et *vice versa* : par exemple, lorsque le rapport oncle maternel-neveu est familier, c'est le rapport père-fils qui exprime l'autorité. On se trouve donc en présence d'un système d'ensemble pouvant combiner les deux relations symétriques oncle-neveu/père-fils et frère-sœur/mari-femme selon quatre possibilités mathématiques. Celles-ci se rencontrent effectivement dans la réalité et permettent de considérer les systèmes culturels comme des codes, utilisant les comportements, les attitudes, les gestuelles, les divisions de l'espace, les classifications des choses, comme autant de moyens pour une culture, à l'instar d'une langue, de constituer son système de références.

L'analyse structurale ouvre donc sur une sémiologie du social, c'est-à-dire sur une étude du social comme code. Partie de l'ethnologie, elle trouvera son plein développement dans la période ultérieure, au cours de la décennie 1960[1], au point de devenir, pour quelques années, un paradigme pour les sciences sociales dans leur ensemble, à travers les travaux de philosophes comme Michel Foucaut, Louis Althusser, Jacques Derrida, de sémiologues comme Roland Barthes, Algirdas-Julien Greimas ou de psychanalystes comme Jacques Lacan.

4 / L'approche par les causes et les structures, que celles-ci soient matérielles et concrètes comme dans le fonctionnalisme ou abstraites et formelles comme dans le structuralisme, a un point commun : *l'objectivisme.* Les faits sociaux peuvent être décrits et analysés selon des procédures positives, sans qu'il soit besoin de considérer les motifs des acteurs. Cet objectivisme postule l'existence d'un ordre sous-jacent aux phénomènes, dont la mise en évidence est l'objectif de la connaissance sociologique. Il en découle que le sens, envisagé comme valeurs, visions du monde, normes et règles d'action fait partie de cet ordre préexistant ; les acteurs individuels intériorisent des modèles de comportement et des schèmes d'action définis en dehors d'eux. C'est cette position que rejettent, dans leur ensemble, les divers programmes relevant, en opposition à l'objectivisme, du « subjectivisme ».

II. – Actions, interactions, significations

On peut voir l'origine du subjectivisme en sciences sociales, non dans l'exaltation romantique de l'âme individuelle, mais dans l'idée séminale, avancée par la sociologie compréhensive, selon laquelle il n'y a d'ac-

1. Cf. sur le développement du structuralisme dans les diverses sciences de l'homme l'ouvrage de O. Ducrot, T. Todorov, D. Sperber, M. Safouan et F. Wahl, *Qu'est-ce que le structuralisme ?,* Paris, Le Seuil, 1968.

tion que dotée d'un « sens subjectif », c'est-à-dire d'un sens pour le sujet. Cette expression, incluse dans la définition webérienne de la sociologie[1], peut être interprétée de diverses manières. Cependant elle entraîne un recentrage de l'analyse sur les acteurs et leur intentionnalité, au rebours du déterminisme des structures que partagent les approches objectivistes. Dans cette filiation, trois programmes majeurs se développent aux États-Unis durant cette période : *la sociologie phénoménologique, l'interactionnisme symbolique, l'ethnométhodologie.* L'influence de Weber et de Simmel, très présente, s'y combine librement avec la tradition philosophique américaine du pragmatisme. Par ailleurs, contrairement à la sociologie continentale, la sociologie américaine ne s'est pas construite contre la psychologie, mais en étroite collaboration avec elle. Autant de traits favorisant la mise en avant de l'action et des sujets.

1 / *La sociologie phénoménologique.* Alors que les deux autres programmes prendront la forme de véritables courants, voire d'écoles, la sociologie phénoménologique est essentiellement un mouvement d'idées, marqué par quelques œuvres fortes, à l'influence profonde.

Elle tire son nom de la singularité d'un auteur, Alfred Schütz (1898-1958). Juriste de formation, ce dernier rédige en 1932 un ouvrage consacré au rôle des significations dans la construction du monde social[2], présenté comme une introduction à la sociologie compréhensive. Associant la tradition de Weber à la philosophie de Husserl, Schütz ne peut honorer la proposition de ce dernier, qui le sollicite pour être son assistant. Il émigre aux États-Unis où il exercera la profession d'avocat d'affaires, en parallèle avec une activité universitaire et de recherche.

1. Cf. *supra,* p. 42.

2. *Der Sinnhafte Aufbau der Sozialen Welt : Eine Einleitung in die Verstehende Soziologie.*

L'entreprise de Schütz s'exprime dans divers textes, rassemblés sous forme de *Collected Papers*[1]. Un certain nombre d'entre eux renouent brillamment avec l'ambition de fondation et d'élucidation de Durkheim ou de Weber, tout en intégrant la thèse de Husserl d'un rapport de conscience originaire, préréflexif, au monde vécu. Ainsi, dans une réponse aux tenants du positivisme logique américain[2], Carl Hempel et Ernst Nagel, ne concevant l'action que comme un comportement inscrit dans une chaîne causale du type stimulus-réponse, Schütz affirme avec force le « postulat d'interprétation subjective » de Weber, en l'ancrant dans la conception phénoménologique de l'expérience. Notre rapport au monde, en tant qu'humains, n'est pas simplement sensoriel. Nous réagissons en fonction des significations que notre expérience et celle des autres, déposée dans le langage, nous inspirent. La compréhension n'est pas d'abord une méthode. Elle est notre rapport même au monde vécu, œuvrant à l'intérieur de la connaissance ordinaire, immédiate et spontanée, que nous en avons et que nous partageons. Celle-ci organise le monde, sous forme de « typifications », c'est-à-dire de représentations pertinentes pour nos usages et nos actions. Pour analyser un phénomène social, le sociologue doit à la fois s'appuyer sur ces typifications et sur la compréhension immédiate qu'en ont les acteurs, et les mettre à distance en les transformant en source d'hypothèses à vérifier.

L'influence théorique de Schütz sera très forte. On la retrouvera au-delà de la sociologie phénoménologique, en ethnométhodologie. Elle se perpétuera notamment dans un texte de forte ambition théorique, *La construction sociale de la réalité,* publié en 1966 par Peter Berger et Thomas Luckmann. Ceux-ci entendent dépasser l'opposition entre Durkheim et Weber, en posant la problématique suivante :

« C'est précisément le caractère duel de la société en termes d'artificialité objective et de signification subjective qui

1. Certains sont traduits en français sous les titres suivants : *Le chercheur et le quotidien,* Paris, Méridiens Klincksieck, 1987 ; *Éléments de sociologie phénoménologique,* Paris, L'Harmattan, 1998.

2. Formation du concept et de la théorie dans les sciences sociales, in *Le chercheur et le quotidien, op. cit.,* p. 65-88.

détermine sa réalité *sui generis.* (...) Le problème central de la théorie sociologique peut être ainsi posé comme suit : Comment se fait-il que les significations subjectives deviennent des artifices objectifs ? (...) Comment se fait-il que l'activité humaine produise un monde de choses ? »[1]

2 / *L'interactionnisme symbolique* développe des positions voisines de celles de la sociologie phénoménologique. Il reste cependant plus proche de considérations méthodologiques et trouve son inspiration chez Park, Thomas, Znaniecki, et au-delà, Simmel. Trois traits fondamentaux peuvent le caractériser :

- le refus de l'objectivisme : le social n'est pas donné, mais construit. Pour reprendre une définition célèbre de Thomas et Znaniecki, ce sont les acteurs qui « définissent la situation » ;
- le refus de l'explication par l'appel à un arrière-fond structurel ou à un sens préexistant ; le sociologue doit chercher à serrer au plus près les mécanismes concrets par lesquels se construisent une situation donnée et son sens ; l'observation participante, l'étude de cas minutieuse, l'entretien constituent les méthodes le plus souvent utilisées pour une telle entreprise ;
- la constitution comme objet privilégié d'étude des interactions concrètes entre acteurs et du mode de construction du sens qui en résulte. Les idées de « négociation » (Anselm Strauss), de « pluralité des mondes sociaux » (Howard Becker) précisent ces points.

L'expression elle-même, d'« interactionnisme symbolique » *(symbolic interactionism)* est attribuée à Herbert Blumer. Celui-ci appartient à la seconde génération de l'École de Chicago, dont il va, avec Everett Hughes, perpétuer la tradition. Elle recouvre à la fois les enseignements de Thomas et de Park – et à travers ce dernier l'inspiration de Simmel – et ceux d'un philosophe, Georges H. Mead (1863-1931), privilégiant, dans la construction de la personnalité et des rap-

1. Trad. Paris, Méridiens Klincksieck, 1986, p. 29-30.

ports sociaux, les communications interindividuelles[1]. Entre 1930 et 1940 sera formée, au département de Chicago, une nouvelle génération de sociologues (Erving Goffman, Howard Becker, Anselm Strauss...) dont les œuvres, à partir de la moitié des années 1950, construiront le courant moderne de l'interactionnisme symbolique[2].

Il aurait été possible de prendre l'œuvre brillante d'Erving Goffman (1922-1982) et son modèle « dramaturgique » pour illustrer la posture de l'interactionnisme symbolique. Dans sa plus grande simplicité comme dans son caractère, à maints égards emblématique, nous opterons pour l'ouvrage de Howard S. Becker de 1963, *Outsiders*[3]. Non seulement celui-ci présente exemplairement le mode de saisie et d'interprétation des données, propre à l'interactionnisme symbolique, mais il développe une théorie nouvelle de la déviance, en totale rupture avec le modèle fonctionnaliste dominant. Son influence sera d'autant plus importante que le livre, à l'abord facile, connaîtra un grand succès, et sera, de ce fait, un de ces instruments fondamentaux de transmission *in vivo* de cette manière de penser et de faire.

Publié en 1963, l'ouvrage regroupe un ensemble d'essais produits durant les années précédentes. Durant ses études à Chicago, Howard Becker eut l'idée de combiner son goût pour le jazz (il jouait comme pianiste dans des orchestres) avec les exigences universitaires. Il proposa à son enseignant, Ernest W. Burgess, des observations recueillies sur des musiciens de jazz à la place des entretiens auprès de personnes âgées qu'il devait faire. Cela lui valut d'être orienté vers le spécialiste de sociologie du travail du dépar-

1. Cf. *L'esprit, le soi et la société,* 1934, trad. Paris, PUF, 1965.
2. Cf. B. M. Fisher et A. L. Strauss, Interactionism, *in* T. Bottomore et R. Nisbet (eds), *History of Sociological Analysis, op. cit.*, p. 456-498 ; plus récemment, J.-M. Chapoulie, *La tradition sociologique de Chicago, 1892-1961,* Paris, Le Seuil, 2001, où l'auteur récuse le terme d' « école » et s'efforce de reconstituer la diversité et la pluralité – parfois conflictuelle – de cette tradition.
3. Trad. Paris, Métailié, 1985.

tement, Everett Hughes. Celui-ci était également un fervent défenseur d'une méthode d'observation *in situ* largement inspirée de l'anthropologie et se démarquant par sa rigueur des pratiques de l'étude de cas propres aux années 1930[1]. Becker se vit incité à prendre les musiciens de jazz comme sujet de maîtrise. Il en tira deux articles, repris dans *Outsiders*. Quelques années plus tard, après son doctorat, Becker eut la possibilité de travailler avec une fondation de Chicago s'intéressant aux problèmes de déviance. Sa connaissance du milieu du jazz lui permit de faire des entretiens avec des fumeurs de marijuana et de recueillir ainsi les matériaux utilisés dans *Outsiders*[2].

La déviance était à l'époque un des thèmes importants du travail social et de la recherche sociologique. Il donnait lieu à diverses théories, d'inspiration médicale, statistique, sociologique. Le point commun de la plupart de ces conceptions était l'objectivisme : l'acte déviant apparaissait comme qualitativement distinct, « substantiellement déviant », résultant d'une transgression des normes. Cette idée renvoyait fondamentalement à une vision fonctionnelle de la société, où les normes constituent un élément de régulation et leur respect, une condition de l'intégration. Le programme de recherche induit par une telle conception consistait à rechercher les variables discriminantes de la délinquance. Becker renverse totalement cette perspective, en interrogeant la catégorie même de « déviance » :

« Les groupes sociaux créent la déviance en instituant des normes dont la transgression constitue la déviance, en appliquant ces normes à certains individus et en les étiquetant comme déviants. De ce point de vue, la déviance n'est pas une qualité de l'acte commis par une personne, mais plutôt une conséquence de l'application, par les autres, de normes et de sanctions à un "transgresseur". Le déviant est celui auquel cette étiquette a été appliquée avec succès et le comportement déviant est celui auquel la collectivité attache cette étiquette » (p. 32-33).

1. Sur ce point, voir J.-M. Chapoulie, Everett C. Hughes et le développement du travail de terrain en sociologie, *Revue française de Sociologie,* vol. XXV, n° 4, 1984, p. 582-608.

2. Sur ces divers points, voir la préface de J.-M. Chapoulie à l'édition française d'*Outsiders,* p. 11-13.

Cette nouvelle approche, définissant ce qu'il est convenu d'appeler une « théorie de l'étiquetage », considère la déviance non comme le produit objectif d'un (dys)fonctionnement, mais comme une « qualification », résultant d'une « transaction » entre un groupe social et un individu :

« La déviance est une propriété, non du comportement lui-même, mais de l'interaction entre la personne qui commet l'acte et celles qui réagissent à cet acte » (p. 38).

Le problème n'est plus alors de connaître les caractéristiques statistiquement pertinentes des populations déviantes, mais d'étudier le *processus* par lequel une série d'actes et d'individus en arrivent à être qualifiés de déviants. Ce processus se fait dans le temps, passe par des étapes. Il requiert « un modèle séquentiel » à l'image des études de « carrières » menées en sociologie du travail par Hughes. Il nécessite enfin un contact étroit avec les sujets étudiés afin de saisir, par l'entretien et l'observation, la nature des situations s'enchaînant dans le processus de construction de la « carrière déviante ».

Grâce à des entretiens approfondis, grâce à l'observation des rituels utilisés par les fumeurs de marijuana, Becker reconstitue des étapes (l'engagement dans la pratique, le développement et la stabilisation des nouveaux intérêts, la stigmatisation et l'étiquetage, la constitution d'une identité sociale déviante), qui, toutes, reposent sur des interactions déterminées entre des acteurs déterminés. Il montre que si l'on entre dans la pratique la première fois par curiosité, ou par entraînement, ou par défi, on n'y persévère que dans la relation avec d'autres qui initient le débutant à reconnaître ses sensations, à les aimer, à faire les gestes nécessaires... Pour cette phase, comme pour les autres, l'analyse s'appuie sur un matériau de première main, ouvrant le discours de la sociologie à des paroles longtemps ignorées de lui :

« Je fumais comme si c'était une cigarette ordinaire. Il m'a dit : "Non, pas comme ça." Il a ajouté : "Tu l'aspires, tu vois, tu l'avales et tu la gardes dans tes poumons jusqu'à... pendant un certain temps." J'ai demandé : "Combien de temps ?" Il a répondu : "Tu n'as qu'à la garder jusqu'à ce que tu aies envie de la rejeter et tu la rejettes." C'est ce que j'ai fait, à trois ou quatre reprises » (extrait d'entretien) (p. 69).

La théorie de l'étiquetage (est déviant celui qui est qualifié tel au sein d'interactions déterminées avec les autres) est une expression très parlante de la rupture avec l'objectivisme. Mais, ce dernier, n'est pas seulement un point de vue méthodologique particulier. Il recèle également une appréciation de sens commun sur le monde : les sujets sociaux, constamment, classent, qualifient leur environnement et les situations qu'ils rencontrent, en utilisant des manières de voir et de penser qui leur semblent *aller de soi.* Or cet « allant de soi » a un rôle sociétal déterminant. Il assure une sorte de mise en commun du social. Il est ce par quoi je partage une situation avec autrui. Appréhendé par Schütz dans sa théorie de la connaissance ordinaire, utilisé par l'interactionnisme, il va être thématisé de façon radicale par l'ethnométhodologie.

3 / Si l'œuvre fondatrice de *l'ethnométhodologie* date de 1967[1] et semble donc à la limite la période étudiée, en fait cette date marque l'émergence d'un courant qui se constitue dans la seconde moitié des années 1950[2] et constitue la mise en cause la plus radicale de l'objectivisme. Dans la préface à son ouvrage fondateur, Harold Garfinkel (1917) écrit :

« Quand on fait de la sociologie, profane ou professionnelle, toute référence au "monde réel", même si elle concerne des événements physiques ou biologiques est une référence aux activités organisées de la vie courante. En conséquence, contrairement à Durkheim dont certaines formulations enseignent que la réalité objective des faits sociaux est le principe fondamental de la sociologie, nous affirmons à titre de

1. H. G. Garfinkel, *Studies in Ethnomethodology,* Englewood Cliffs, NJ, Prentice Hall, 1967.
2. Voir A. Coulon, *L'ethnométhodologie,* Paris, PUF, « Que sais-je ? », 1987.

politique de recherche, que la réalité objective des faits sociaux, en tant que réalisation continue d'activités concertées de la vie courante – étant entendu que les membres connaissent, utilisent et prennent comme allant de soi les manières ingénieuses de les accomplir – est un phénomène fondamental pour les membres qui font de la sociologie. Car, dans la mesure où il s'agit d'un phénomène fondamental de sociologie pratique, il est le thème dominant des recherches en ethnométhodologie. Celles-ci analysent les activités de tous les jours en tant que méthodes des membres pour rendre ces mêmes activités visiblement-rationnelles-et-rapportables-pour-des-buts-pratiques, c'est-à-dire descriptibles *(accountable)* en tant qu'organisation des activités ordinaires de tous les jours. »[1]

Ce texte constitue l'énoncé d'un programme de recherche qui ne va cesser de se construire à partir du milieu des années 1950. À l'objectivité des structures et des faits sociaux, il oppose « les réalisations continues d'activités concertées de la vie courante », signifiant par là que la réalité sociale n'est pas un « donné », mais le produit, au jour le jour, de l'activité de ses membres. Cette activité n'est pas une activité de production, au sens matériel du terme, mais consiste dans l'ensemble des routines, des allant-de-soi, par lesquels se construisent les situations quotidiennes des acteurs, ceux que Garfinkel appelle « les membres » : faire classe, suivre un cours, remplir un formulaire, se mettre d'accord pour aller chercher la petite à la sortie de l'école... Ces routines ne renvoient ni à des règles préétablies, structurelles ou culturelles, ni à un sens extérieur à la situation que le sociologue aurait à reconstruire ; elles se donnent dans le discours immédiat des membres, qui est simultanément un discours qui décrit-rend compte-justifie, selon les diverses significations du mot anglais *account*.

1. *Studies in Ethnomethodology, op. cit.,* trad. partielle in *Arguments ethnométhodologiques,* Centre d'étude des mouvements sociaux, EHESS, Paris, 1985, p. 6.

« J'irai chercher la petite à l'école ce soir, parce que demain j'ai une réunion. »

Un tel énoncé, fondant une possibilité actuelle sur une impossibilité ultérieure, construit simultanément la règle d'une situation partagée :

J'irai ce soir, parce que demain je suis pris,

- que donc je ne pourrai pas
- et que dans un souci de réciprocité (règle latente), je fais ce soir ce que j'attends que tu fasses demain (même règle)
- parce que mon impossibilité demain ne peut être remise en cause (justification).

Il est aisé de voir se poursuivre le dialogue : « Oui, mon chéri, d'ailleurs tu te souviens pour moi, la semaine prochaine. » Un tel échange[1] illustre une autre caractéristique fondamentale de ce que l'ethnométhodologie appelle également le « raisonnement pratique des membres » : l'indexicalité. Il s'agit – à la suite de ce que la linguistique entend par là – de la relation de tout énoncé à son contexte énonciatif : de même que l'énoncé « tiens », n'a de sens que dans une situation où, par exemple, je tends un objet à autrui, de même le dialogue précédent – qui aurait pu être plus elliptique encore – ne prend son sens que par référence à la situation partagée des membres.

De telles situations quotidiennes fournissent à l'ethnométhodologie un réservoir de matériaux inépuisable. Le rôle joué par le langage a permis le développement d'un programme spécifique de recherche, consacré à la déconstruction systématique d'échanges linguistiques préalablement enregistrés : l'analyse conversationnelle[2]. Simultanément, l'ethnométhodologie se révèle une méthode particulièrement forte d'étude de multiples situations sociales, dont le formalisme apparent masque la production continue grâce au jeu

1. Ce dialogue est inventé de toutes pièces pour les besoins de l'exposition. On trouve un exemple similaire, mais réel, dans l'ouvrage de Garfinkel (p. 25-26).

2. L'analyse conversationnelle a notamment été développée par Harvey Sachs à partir des années 1960 (cf. A. Coulon, *L'ethnométhodologie, op. cit.,* p. 65 et sq.). Un exemple de cette approche peut être trouvé dans l'article de Sachs, Tout le monde doit mentir, 1968, trad. *Communications,* n° 20, 1973, p. 182-203.

des allant-de-soi et des énoncés-justificatifs dont usent les membres pour la gérer : fonctionnement d'un jury de tribunal, d'une commission d'admission, soutenance d'une thèse... L'étude célèbre que Garfinkel consacra à des jurés, dont il enregistra les délibérations, montre qu'aux règles attendues et prescrites de prise de décision, se substituent les règles, construites au fur à mesure du déroulement de la séance à travers les interactions et les choix auxquels elle donne lieu, par lesquelles les jurés construisent le fait à juger et prennent une décision conforme à une compétence de sens commun selon laquelle « tout membre compétent de la société sait ce que tout membre sait »[1].

L'approche ethnométhodologique tend très fortement à problématiser le social. Elle est peut-être le courant sociologique qui pousse le plus loin la mise à distance nécessaire à l'appréhension des « allant-de-soi » comme résultats d'une construction sociale déterminée. Il n'est pas indifférent, à cet égard, de réfléchir au rôle de l'*autre* dans la connaissance du social : le sauvage du XVIIIe siècle, le prolétaire du XIXe, l'étranger du XXe – thème développé dans des textes célèbres aussi bien par Simmel que par Schütz – sont autant d'opérateurs permettant d'interroger *du dedans* l'arbitraire ou – dans les termes de l'ethnométhodologie – l'indexicalité des manières d'être et de faire des membres d'une société donnée. Agnès, jeune transsexuelle étudiée par Garfinkel, apparaît, dans les multiples ruses par lesquelles, au quotidien, elle doit manifester les allant-de-soi d'un comportement féminin qui ne lui est pas « naturel », comme une figure, nouvelle et radicale, de cette entreprise de déconstruction du donné social[2].

1. H. Garfinkel, *Studies in Ethnomethodology, op. cit.*, chap. IV, p. 108.

2. Sur les problèmes posés par le caractère radical de l'ethnométhdologie, voir M. de Fornel, A. Ogien, L. Quéré, *L'ethnométhodologie, une sociologie radicale,* Colloque de Cerisy, Paris, La Découverte, 2001.

III. – Histoire et modernité

La période que nous avons isolée est, si ce n'est la plus riche, en tout cas la plus tragiquement chargée en événements historiques : la révolution de 1917, la montée des fascismes, la guerre d'Espagne, le stalinisme, la seconde guerre mondiale, le partage de Yalta, l'instauration du socialisme en Chine, la guerre de Corée, le début des mouvements d'indépendance nationale sont autant de moments qui marquèrent profondément la conscience du temps. Or, paradoxalement, à la différence de la philosophie ou de la littérature (Malraux, Hemingway, Dos Passos, Orwell, Sartre, Merleau-Ponty, Camus...), la sociologie reste étonnamment silencieuse. La sociologie française sans doute par faiblesse institutionnelle ; la sociologie anglaise et américaine par distance. Seule la sociologie allemande, dans la période étroite qui précéda l'accession au pouvoir de Hitler, instaura l'histoire comme dimension fondamentale de saisie du social.

Pour mettre en perspective historique une société donnée le sociologue dispose, après la première guerre mondiale, de trois modèles : celui de l'évolutionnisme, en vogue au siècle précédent ; celui du marxisme, placé sous les feux de la rampe par la révolution d'Octobre 1917 et la constitution du mouvement communiste international ; celui enfin de l'ethnologie, bâti sur l'opposition entre sociétés traditionnelles et sociétés modernes. Aucun de ces trois modèles n'est véritablement satisfaisant : la grande boucherie de 1914-1918 a porté un coup fatal au postulat progressiste qui supportait l'évolutionnisme ; les liens étroits du marxisme et de l'appareil politique de la IIIe Internationale, l'engagement militant des jeunes partis communistes rendent difficile un usage « distancié » de la référence marxienne ; l'opposition entre tradition et modernité, très utilisée d'un point de vue culturaliste par la sociologie américaine, est beaucoup trop large pour penser la spécificité d'une situation historique.

Dans ce contexte, l'École de Francfort constitue une exception aussi brillante qu'ambiguë, en se donnant pour programme l'interrogation de la modernité à la lumière de la tradition philosophique issue de Hegel.

Elle se met en place, à l'initiative d'un universitaire mécène, Felix J. Weil, sous les auspices d'une réflexion marxiste indépendante. En 1922 celui-ci avait déjà rassemblé lors d'une semaine de « Travail marxiste » divers philosophes et intellectuels tels que Georg Lukács, Karl Korsh, Karl August Wittfogel, etc. Il avait ensuite conçu le projet d'un institut pour le marxisme (Institut für Marxismus) ; celui-ci devait être matériellement indépendant – notamment grâce au soutien de la famille Weil – et simultanément associé à l'Université. L'institut vit le jour en 1923, en collaboration avec la jeune Université de Francfort, et reçut en baptême un nom moins compromettant : Institut de recherches sociales (Institut für Sozialforschung)[1].

L'institut rassembla un certain nombre d'intellectuels, philosophes, sociologues, économistes, psychanalystes dont le projet commun était, en dépassant l'enfermement du marxisme dogmatique, de penser la crise du monde moderne, de sa culture et de ses idéologies. Avec Max Horkheimer (1895-1973), qui en prit la direction en 1931, s'affirma un programme tout à fait original : partant de la philosophie sociale et du problème de l'universel qu'elle dégage depuis la tradition hégélienne (penser une situation historique particulière comme un moment du devenir de l'Universel), Horkheimer insiste sur la nécessité nouvelle d'associer réflexion philosophique et recherche empirique. Par là, il ne définit pas, comme Merton le fera ultérieurement, l'exigence d'une unité de la théorie et de l'expérience au sein de la sociologie, mais plus largement, celle de l'association des problématiques de la philosophie sociale et des méthodes des sciences sociales concrètes :

« Aujourd'hui, il s'agit bien (...) d'organiser sur la base du questionnement philosophique actuel des investigations

1. Cf. M. Jay, *L'imagination dialectique. Histoire de l'École de Francfort (1923-1950)*, Paris, Payot, 1977, chap. I. Également, R. Wiggershaus, *L'École de Francfort. Histoire, développement, signification,* 1987, trad. Paris, PUF, 1993.

auxquelles se joignent des philosophes, des sociologues, des économistes, des historiens, des psychologues dans une durable communauté de travail, afin de faire ensemble ce qu'en d'autres domaines on peut faire seul en laboratoire, de faire ce que tous les chercheurs authentiques ont déjà fait : plus précisément de poursuivre au moyen des méthodes scientifiques les plus fines les grandes questions philosophiques qui sont leurs, de préciser et de transformer les questions en fonction de l'objet tout au cours du travail, de trouver de nouvelles méthodes sans pour autant perdre de vue l'Universel. »[1]

Le triple souci d'articuler, autour d'une problématique philosophique commune d'inspiration marxiste – qui recevra le nom de « théorie critique » –, des chercheurs et penseurs de diverses disciplines et des travaux empiriques minutieux, constitue un programme tout à fait original dans l'histoire de la sociologie. Les contraintes de l'exil, la difficulté d'entreprendre les travaux empiriques – malgré des réussites célèbres comme l'étude expérimentale sur la personnalité autoritaire[2] –, la diversité des intérêts des membres de l'école et le rôle dominant des approches philosophiques chez les plus célèbres d'entre eux, comme Walter Benjamin, Théodor Adorno, Herbert Marcuse, les avatars de la référence marxiste à l'époque du stalinisme dominant, tous ces éléments concoururent à placer le courant de l'École de Francfort aux marges de la sociologie et à susciter des appréciations parfois très négatives, comme celle de Julien Freund :

« Toutes choses considérées, même si cette école contribua au progrès de la recherche sociologique, spécialement

1. M. Horkheimer, La situation actuelle de la philosophie sociale et les tâches d'un institut de recherches sociales, 1931, trad. in *Théorie critique,* Paris, Payot, 1978, p. 67-80.

2. Durant la période allemande, l'institut entreprit diverses études sur la classe ouvrière et sur la famille, qui ne furent que partiellement publiées, notamment celles concernant le thème de l'autorité (*Studien über Autorität und Familie,* Paris, 1936). Ses études les plus célèbres furent cependant effectuées aux États-Unis, à l'Université de Columbia où il s'installa durant son exil. Elles reprirent notamment le thème du rapport à l'autorité par lequel les membres de l'institut cherchaient à comprendre l'impact de la propagande nazie sur la classe ouvrière allemande (T. W. Adorno *et al., The Authoritarian Personality,* New York, 1950).

durant sa période américaine (c'est-à-dire durant son exil), elle n'en fourvoya pas moins la sociologie scientifique dans une impasse. Ses membres tirèrent avantage du prestige de la sociologie pour pousser de l'avant un message foncièrement philosophique. C'est un exemple, assez typique aujourd'hui, de corruption de la sociologie scientifique par des idées dont l'objectif est parfois autre que celui d'une recherche strictement scientifique. »[1]

La sévérité du propos doit sans doute beaucoup au rôle que joua la théorie critique dans certains mouvements radicaux de la fin des années 1960. Néanmoins la capacité d'interpellation de l'École de Francfort demeure et touche au cœur même de la connaissance du social. Si une rencontre entre Durkheim et Weber n'eut jamais lieu, une part importante de leur héritage fut, en d'autres termes, discutée en Allemagne, en 1961, lors des rencontres de Tübingen organisées par la Société allemande de sociologie. À la question classique du type de scientificité auquel référer la sociologie, deux réponses fondamentales furent apportées, non par des sociologues, mais par deux philosophes : Adorno et Popper. La qualité de leur démonstration et la date de leur débat peuvent prendre une valeur éminemment exemplaire : au moment où, pour l'essentiel, la sociologie scientifique apparaît construite, dans ses approches et ses programmes fondamentaux, renaissent la question et le dilemme génériques de son statut : à Adorno qui affirme que si la recherche empirique saisit les phénomènes dans leur particularité, seule la construction conceptuelle de l'essence comme totalité peut leur donner sens, Popper oppose l'unicité de la logique scientifique, fondée sur la mise à l'épreuve empirique de constructions théoriques préalables[2].

1. J. Freund, German Sociology in the Time of Max Weber, *in* T. Bottomore et R. Nisbet, *A History of Sociological Analysis, op. cit.*, p. 184-185.

2. T. Adorno et K. Popper, *De Vienne à Francfort, la querelle allemande des sciences sociales,* 1969, trad. Bruxelles, Complexe, 1979.

Chapitre V

TENDANCES DE LA SOCIOLOGIE CONTEMPORAINE

Des années 1960 à nos jours s'ouvre, pour la sociologie, une nouvelle période, dont les bornes initiales peuvent varier selon les spécificités nationales, mais que quelques mots clés résument bien : institutionnalisation, expansion, sectorisation, bureaucratisation, internationalisation... Ère de la maturité, sans aucun doute, que marquent plutôt des infléchissements et des approfondissements que de réelles inventions programmatiques ; ère de la sagesse et de l'apaisement ? Rien ne permet de l'affirmer d'une époque qui, à l'image de l'histoire mondiale est marquée par l'ambiguïté : si celle-ci connaît la guerre froide, la coexistence pacifique, les mouvements de libération nationale, la construction de l'Europe, l'effondrement du système socialiste européen, les affrontements Nord-Sud, le retour des fondamentalismes religieux... la sociologie, sans être en rien le reflet de ces soubresauts, en présente cependant comme une libre variation. Son institutionnalisation se renforce, des liens multiples la consolident, et, simultanément ses tâches, ses secteurs de recherche, ses lieux d'activité se multiplient et se séparent. Au risque d'éclatement de pratiques plus juxtaposées qu'intégrées s'ajoutent, à ses marges, des tensions épistémologiques nouvelles : d'un côté scepticisme et postmodernisme remettent en cause l'idée même de scientificité, au nom du caractère irrémédiablement local, borné, « culturel »[1] de toute entreprise

1. « Culturel », ici, s'entend au sens des *cultural studies* et signifie *a)* que chacun s'exprime à travers la culture de son groupe

de connaissance ; de l'autre, l'essor du cognitivisme, les liens tissés, à travers lui, entre intelligence artificielle, neurosciences, biologie et psychologie évolutionnaires, peuvent sembler tendre à « naturaliser »[1] le social.

I. – Le métier de sociologue[2]

1 / La période qui se met en place à partir des années 1960 est marquée par l'émergence du – on serait tenté de dire « des » – métier de sociologue. Si celle-ci s'était déjà produite aux États-Unis après la première guerre mondiale, elle concerne cette fois-ci l'ensemble des pays développés et, gagne, au-delà, les pays d'Amérique latine, d'Afrique et d'Asie. Le processus d'institutionnalisation semble se dérouler en deux phases, la seconde n'étant pleinement présente que dans les pays les plus développés : tout d'abord une implantation universitaire forte et ramifiée, passant par la constitution de départements autonomes de sociologie et par l'irrigation de formations diverses, appliquées à des secteurs d'activités déterminés : travail social, santé, activités associatives, urbanisme, gestion du personnel, etc. Ensuite la constitution progressive, en dehors du cadre universitaire, de compétences professionnelles de type sociologique – bureaux d'étude et de sondage, sociologues d'entreprise, sociologues de cabinets d'urbanisme, sociologues des services centraux des administrations et des grandes organisations... – entrant en concurrence sur le marché du tra-

b) que cette culture renvoie à des rapports de domination et d'inscription multiples – sociaux, raciaux, de genre, de pratiques sexuelles, etc.

1. Ce terme, d'abord utilisé par le philosophe Willard V. O. Quine à propos de la théorie de la connaissance, signifie inscrire le phénomène étudié dans un fonctionnement de type physique et définit un nouveau naturalisme.

2. Écho au titre de l'ouvrage de P. Bourdieu, J.-C. Chamboredon et J.-C. Passeron, paru en 1968 (Éd. Mouton).

vail avec des diplômés de psychologie, d'économie, voire de droit[1].

Ce mouvement s'opère de façon différente selon les pays. La part de la recherche privée ou de la recherche spécialisée, au sein d'administrations ou de grands groupes, y est très inégale et variable.

Cependant, certains traits semblent communs :

- une expansion démographique importante, appuyée sur le mouvement mondial de massification des universités dans les pays développés ;
- le rôle déterminant de la commande publique et privée dans le développement des recherches.

Il est relativement difficile d'avoir des synthèses internationales et comparatives fiables sur ces deux mouvements, permettant d'en donner une représentation fidèle. Il faut se rapporter à des études ponctuelles ou à la confrontation d'annuaires successifs. Mais la tendance générale est indéniable : renforcement considérable de l'institutionnalisation universitaire de la sociologie ; accroissement spectaculaire des effectifs d'enseignants-chercheurs et d'étudiants. La France, ainsi, en moins de cinquante ans, passe d'une situation où la sociologie est concentrée dans un seul laboratoire – le Centre d'études sociologiques créé après la guerre – et ne dispose que de cinq chaires, sans aucun diplôme propre, à une situation, au début des années 2000, où près de 800 enseignants titulaires enseignent dans des cursus complets, présents dans toutes les grandes universités[2]. La progression est du même ordre, voire plus

1. Pour plus de détails sur ce point : R. Sainsaulieu, La profession de sociologue en France, *in* H. Mendras et M. Verret, *Les champs de la sociologie française,* Paris, Armand Colin, 1988, p. 247-256 ; H. E. Freeman (ed.), *Applied Sociology,* San Francisco, Jossey-Bass P., 1983.

2. Si l'on ajoute aux enseignants les chercheurs du CNRS, la progression est de l'ordre suivant : 1970, environ 200 enseignants et chercheurs ; 1990, 800 ; 2004, 1 200. À cette même date on recense 60 DEA relevant à titre principal ou secondaire de la sociologie, et 82 équipes de recherche (source : divers annuaires ministériels).

accentuée, dans des pays comme l'Allemagne[1] ou les États-Unis[2].

Il est plus difficile, encore, de mesurer l'ampleur de la commande, publique ou privée, adressée à la recherche sociologique. Tous les pays développés ont mis en place des mécanismes d'appels d'offre et de subventions de recherche. Depuis la fin des années 1980, la Communauté européenne est montée en puissance dans ce domaine, à travers des programmes incitant à la collaboration d'équipes de divers pays. Les états comme l'Espagne, le Portugal ou la Grèce, que leur position sociopolitique avait mis en situation de retard relatif dans le développement des recherches sociologiques, y ont trouvé un puissant moyen de rattrapage.

2 / Le développement simultané de l'enseignement et de la recherche commanditée va avoir un effet décisif sur l'élaboration et la codification des diverses méthodes et techniques de recherche. Si cela était déjà largement le cas aux États-Unis, il n'en allait pas de même en Europe, où les traditions anciennes s'associaient timidement avec la sociologie empirique d'inspiration américaine. Les premières enquêtes de l'après-guerre témoignent clairement, notamment en France, du passage d'un modèle à l'autre, d'une « formule de recherche » à une autre[3] : à la monographie traditionnelle, fondée sur l'étude documentaire et l'observation *in situ,* se substitue l'appel aux techniques américaines d'enquête (questionnaires, entretiens, croisements de variables). L'influence américaine et

1. Elle est estimée, entre 1960 et 1970 à un passage de 35 à 190 postes d'enseignants et de 150 à 700 postes assimilés. L'ensemble atteindrait 1 290 personnes en 1990 (source : G. Lüschen (éd.), *Deutsche Soziologie seit 1945, Kölner Zeitschrift für Soziologie und Sozialpsychologie,* vol. 21, 1979, p. 25-71).

2. Le nombre des sociologues y est estimé à 20 000 en 1988 (source : H. J. Gans, Sociology in America : The discipline and the public, *American Sociological Review,* vol. 54, n° 1, 1989, p. 1-16.)

3. L'expression « formule de recherche » est introduite par Jean-Michel Chapoulie, *in* « La seconde fondation de la sociologie française, les États-Unis et la classe ouvrière », communication au XIIe Congrès mondial de sociologie, Madrid, 1990, p. 1.

l'assimilation du langage de la recherche empirique se marqueront ensuite de plus en plus nettement, avec par exemple, la publication en français du célèbre *Language of Social Research* de Lazarsfeld ou la parution de divers ouvrages de R. Boudon consacrés aux mathématiques en sciences sociales. Au sein du Centre d'études sociologiques, de multiples séminaires seront consacrés aux questions de méthode et trouveront dans la revue *Épistémologie sociologique,* leur lieu d'expression[1].

Des années 1970 à nos jours, s'est opéré un mouvement général de diffusion et de diversification des techniques de recherche et d'analyse, que la généralisation de la micro-informatique va démultiplier en rendant directement accessible, à chaque chercheur, le stockage et le traitement de ses données. On voit ainsi se produire, avec des décalages, des distorsions et des interférences variables selon les pays, les phénomènes suivants : une généralisation et une sophistication des méthodes quantitatives issues de la tradition empirique américaine ; une contestation de ces mêmes méthodes et un recours à des techniques qualitatives, comme l'observation ethnographique, l'enquête biographique, les analyses de contenu de type lexical ou sémantique ; la constitution, grâce à l'apport décisif de l'informatique, d'une sorte de *no man's land* technico-instrumental où chacun puise à sa guise et introduit de nouveaux outils, nés du développement des disciplines voisines, statistiques, théorie des jeux, analyse de la décision, lexicométrie, sémiologie, analyse informatique des champs sémantiques... De nouveaux modèles d'analyse s'imposent progressivement, comme l'analyse multivariée, l'analyse automatique du discours et, plus récemment, l'analyse de réseau[2].

1. Dirigée par Pierre Naville, elle publiera 16 fascicules, simples ou regroupés, de 1964 à 1973.

2. Voir A. Degenne et M. Forsé, *Les réseaux sociaux,* Paris, Armand Colin, 1994.

Ce foisonnement[1] crée des espaces de compétence, d'échange et de publication nouveaux. La méthodologie d'enquête n'est plus seulement une propédeutique à la formation du sociologue – justifiant la multiplication des manuels spécialisés[2] –, mais, pour certains, une spécialité de travail et de recherche où, au sein de réseaux nationaux et internationaux, ils côtoient informaticiens et statisticiens.

Le résultat d'une telle évolution est *un exercice pluriel de la sociologie,* concernant tant ses lieux, que ses orientations, ses méthodes, ou ses styles. Au hasard des publications scientifiques, le lecteur peut découvrir aussi bien des rapports « classiques » d'enquête organisant en tableaux statistiques des informations sur une population donnée, que l'articulation de données quantitatives et qualitatives autour d'un noyau théorique fort, des constructions axiomatiques cherchant à modéliser le comportement d'acteurs donnés, ou des textes impressionnistes visant la restitution littéraire d'une ambiance sociale[3].

Dans ce contexte, on peut avancer la thèse que la forme propre de construction de la sociologie, dans cette période, réside essentiellement dans deux phénomènes : *a)* la segmentation croissante de la discipline

1. Le développement exponentiel des ressources documentaires offertes par Internet permet de prendre une mesure quasi vertigineuse de ce foisonnement et, plus généralement, du développement de la sociologie. Voir, par exemple, les sites SocioWeb (États-Unis), SocioSite (Pays-Bas), Research Ressources for the Social Sciences (Canada), Liens-socio (France)...

2. Ils peuvent être de plusieurs ordres : de celui du *reader,* dans la tradition anglo-saxonne (par ex., M. Blumer (ed.), *Social Reasarch Methods. An Introduction,* Londres, MacMillan, 1977) ; celui de la spécialisation sur un ensemble de méthodes particulières (par ex., J. Poupart *et al., La recherche qualitative. Enjeux épistémologiques et méthodologiques,* Montréal, Gaëtan Morin, 1997) ; celui de l'engagement pour un programme (par ex., P. Champagne *et al., Initiation à la pratique sociologique,* Paris, Dunod, 1989).

3. Sur les « styles » de sociologie ainsi induits, voir J.-M. Berthelot, *Les vertus de l'incertitude, op. cit.,* chap. 5.

en champs de recherche spécialisés et fortement organisés ; *b)* l'apparition de théories visant soit à résoudre les apories de la confrontation des grands programmes, soit à thématiser l'émergence de phénomènes sociétaux nouveaux.

II. – Les champs de la sociologie

Le découpage de la sociologie en secteurs n'est pas une nouveauté ; dès *L'Année sociologique,* les travaux sont recensés sous des rubriques différentes. Mais – et l'évolution des dénominations en témoigne – il s'agit essentiellement de classifications logiques, correspondant à un découpage théorique de la sphère sociale. Les champs de recherche qui se construisent peu à peu à partir de la seconde guerre mondiale renvoient à une tout autre démarche ; ils constituent des points d'articulation entre des considérations théoriques et scientifiques et une demande sociale organisée. Le découpage des champs ne renvoie pas à une problématique initiale, mais manifeste la cristallisation et souvent l'institutionnalisation de la rencontre entre une demande sociale et une offre scientifique de recherche. Ce qui, dans ce modèle économique d'offre et de demande, pourrait sembler contingent et non structurant a, au contraire, la propriété de construire progressivement des champs de recherche fortement indépendants les uns des autres, organisés chacun autour d'un nœud commun de préoccupations, de résultats, de modèles, de programmes et de formules.

Ces champs – sociologie du travail, sociologie urbaine, sociologie de l'éducation, etc. – n'ont, le plus souvent, aucune institutionnalisation spécifique. Ils fonctionnent autour de départements universitaires, d'équipes de recherches, de revues, de réseaux, de comités spécialisés attachés à des associations scientifiques. La circulation des chercheurs y est permanente, de même que les nouveaux regroupements, autour d'un programme ou d'un nouvel objet.

Cependant, malgré cette labilité, ils manifestent une certaine robustesse, leur permettant d'exister dans la durée, de capitaliser les travaux et de construire des espaces de recherche partagés. Ils rendent, ainsi, possibles l'émergence de traditions particulières, l'instauration de relations interdisciplinaires privilégiées, la constitution de banques de données spécifiques. Cependant, ils se distinguent très nettement des subdivisions caractérisant d'autres secteurs scientifiques, par trois points :

– Bien loin d'être de simples lieux d'application de théories générales ou de grands programmes, les champs apparaissent comme des espaces possibles d'invention. La novation théorique et programmatique est ainsi souvent venue, durant cette période, de champs particuliers de la sociologie et a consisté en une sorte de va-et-vient d'un champ ou d'un niveau à l'autre. On peut faire cette analyse de la théorie de l'étiquetage, venue des études de la délinquance, de la théorie de la reproduction, issue du champ de la sociologie de l'éducation, de la théorie des relations informelles et des réseaux, élaborée au sein de la sociologie des organisations... Une sorte de va-et-vient permanent s'opère ainsi entre les cadres analytiques des grands programmes et les questions précises posées par les phénomènes saillants d'un espace social particulier. Cela engendre des modèles théoriques de « moyenne portée »[1], susceptibles à la fois d'être transférés à d'autres phénomènes et de mettre à l'épreuve la pertinence de leurs cadres de référence et du programme général auquel ils sont associés.

– Ce jeu d'influences et de transferts entre champs d'une part, entre niveaux de l'autre, engendre un second trait : les champs sont à la fois des lieux d'unité et de conflit. L'unité vient aussi bien de l'extérieur – des partenaires, du contexte commun de travail qu'ils définissent et des ressources qu'ils apportent – que du passé, de l'existence d'une tradition d'étude identifiée et d'auteurs de référence communs. Le conflit est souvent lié à des clivages actuels : concurrences institutionnelles, lorsque des sociologues appartenant à des

1. Pour reprendre l'expression de Merton.

organismes différents travaillent dans le même champ, affiliations théoriques et épistémologiques lorsque, dans un même domaine, vont se rencontrer plusieurs écoles sociologiques. La sociologie de l'éducation, par exemple, a vu s'affronter en son sein des théories struturo-fonctionnalistes et utilitaristes[1] ; la sociologie de la délinquance des théories fonctionnalistes, interactionnistes, utilitaristes ; la sociologie des professions des théories fonctionnalistes et interactionnistes...

– Composantes nationales et internationales jouent, enfin, un rôle très particulier dans la constitution des champs. La création, dans l'après-guerre, de deux grandes organisations internationales, l'Association internationale de sociologie (1949) et l'Association internationale des sociologues de langue française (1958), convoquant des colloques réguliers et organisant des échanges scientifiques systématiques, a eu un rôle décisif dans la structuration des champs. Des réseaux internationaux se sont mis en place et institutionnalisés, sous la forme de comités de recherche et de groupes de travail[2]. Beaucoup d'entre eux fonctionnent aujourd'hui avec des bulletins de liaison et des sites Internet, permettant, par le jeu des sites référencés, de saisir des géographies mouvantes et tentaculaires. Mais, simultanément, cette internationalisation ne peut masquer la relative indétermination qui préside à la délimitation des champs. Selon l'institution et le contexte, divers facteurs interviennent, opérant des regroupements ou des scissions spécifiques : au sein des organisations internationales peuvent coexister des comités de recherche et des groupes de travail proches par l'objet, mais éloignés par les réseaux

1. Nous entendons ici par « utilitaristes », des approches relevant de la théorie du choix rationnel (cf. *infra*). En l'occurrence, il s'agit, dans le champ de la sociologie de l'éducation, de l'opposition entre les modèles de Bourdieu et Passeron (*La reproduction,* Paris, Éd. de Minuit, 1970) et de Boudon (*L'inégalité des chances,* Paris, Armand Colin, 1973).

2. L'Association internationale de sociologie abrite aujourd'hui 53 comités de recherche et 6 groupes de travail ou thématiques ; L'Association internationale de sociologie de langue française recense 28 comités de recherche et 23 groupes de travail (source : sites Internet). Beaucoup d'associations nationales ont adopté une structure similaire.

d'appartenance et les stratégies institutionnelles. Des groupes entiers peuvent rester en dehors de ces comités et constituer un système relationnel bâti sur des critères différents, comme la langue, l'affiliation à un courant organisé, ou plus simplement, le cadre national d'exercice. Dans les ouvrages de synthèse et les *Textbooks,* contraintes éditoriales, sympathies scientifiques, affiliations académiques, poids des références nationales contribuent à produire comme des « cartes » non superposables d'un même paysage théorique.

III. – Nouvelles perspectives théoriques

1 / La période qui s'étend des années 1960 à nos jours a été marquée par de grands clivages sociopolitiques, auxquels, après la fin des mouvements de libération nationale et l'effondrement du système soviétique, ont succédé des affrontements à la fois plus diffus et plus larges, avec l'émergence du fondamentalisme musulman et le développement de la contestation anti-mondialiste. Simultanément, les grands systèmes normatifs traditionnels ont été mis à mal, au profit d'une incertitude des croyances et des valeurs, associée, dans les pays développés, à de nouvelles formes d'individualisme.

Le paysage intellectuel général a subi de semblables modifications. Au dialogue entre phénoménologie et marxisme, qui domine l'après-guerre en Europe, et entraîne, à la fin des années 1960, une efflorescence aussi brève que spectaculaire du marxisme[1], succèdent, en sciences humaines, les tournants « linguistique », puis « cognitiviste ». Le premier, préparé par le structura-

1. Nouvelle réception de Marcuse et de l'École de Francfort ; regain d'intérêt pour l'austro-marxisme et le jeune Lukács, ainsi que pour le marxisme italien et l'œuvre de Gramsci ; succès considérable d'Althusser ; Jeaffrey C. Alexander note qu'une section marxiste s'ouvrit alors à l'Association américaine de sociologie et compta très vite un nombre considérable de membres (The new theoretical movement, N. J. Smelser (eds), *Handbook of Sociology,* Londres, Sage Publications, 1988, chap. 2, p. 77-101).

lisme, trouve dans la pragmatique et dans l'influence déterminante de Wittgenstein, ses références fondamentales. Le second, issu de la cybernétique et de l'intelligence artificielle met en exergue une aire nouvelle de phénomènes, commune aux machines intelligentes et aux organismes vivants : celle du traitement de l'information et de « la cognition ». L'un et l'autre posent, différemment, le problème des normes sociales : le premier tend à les dissoudre dans des usages localisés et une sorte de grammaire de la pratique ; le second à en faire la résultante de mécanismes adaptatifs forgés au cours de l'évolution de l'espèce.

Dans ce contexte général, l'effort théorique de la sociologie prend deux directions : épurer, voire réduire les grands programmes existants ; thématiser l'émergence de nouveaux phénomènes sociétaux.

2 / Peut-on réellement parler de « nouvelles sociologies »[1] ? Tout dépend du sens donné à cette expression. À l'échelle mondiale, les bilans sont particulièrement difficiles[2]. Le plus souvent, ils s'appuient, explicitement ou non, sur l'état de la sociologie dans un cadre national. Balandier, Bourdieu, Boudon, Touraine, sont mis en avant par Pierre Ansart[3] ; le débat entre le postfonctionnalisme et les divers courants de l'interactionnisme symbolique, de l'ethnométhodologie et de la sociologie phénoménologique par Jeffrey Alexander[4]. Il est difficile de faire autrement. Nous nous y efforcerons, sans trop d'illusions.

Si l'on reprend l'opposition du chapitre précédent entre *objectivisme* et *subjectivisme,* on peut montrer que, d'une part, chaque orientation a été approfondie et que, d'autre part, des tentatives de dépassement de l'opposition se sont fait jour.

1. Titre d'un ouvrage de P. Corcuf, Paris, Nathan, 1995.
2. Voir, par exemple, celui tenté par la revue *Sociologie et sociétés,* Le second souffle de la sociologie, Montréal, vol. XXX, n° 1, 1998.
3. *Les sociologies contemporaines,* Paris, Le Seuil, « Points », 1990
4. « The new theoretical movement », art. cité.

– *Objectivisme.* Les deux théories qui paraissent les plus novatrices dans cette perspective sont le systémisme de Niklas Luhman et le structuralisme génétique de Pierre Bourdieu.

Le systémisme se développe dans la filiation de la théorie générale des systèmes dont l'essor est particulièrement fort en physique, en biologie et en économie à partir des années 1970[1]. Cette théorie met en avant les mécanismes communs à toute organisation pour se maintenir, en régulant ses rapports avec l'environnement et en préservant son équilibre interne. Développée en sociologie en France par Edgar Morin[2], elle prend une orientation particulièrement radicale en Allemagne avec Niklas Luhman (1927-1998).

D'abord haut fonctionnaire, celui-ci s'est tourné ensuite vers la sociologie qu'il a étudiée auprès de Parsons. Auteur d'une œuvre considérable[3], il développe systématiquement deux idées : *a)* la première est inscrite dans la tradition de réflexion allemande sur la modernité. Elle insiste sur la rupture croissante, le « décrochage », entre l'expérience vécue des hommes et un système social qui leur échappe ; *b)* la seconde élabore systématiquement – et sans retour – cette rupture en la fondant sur la logique irrépressible de « perdifférenciation » croissante du système social en sous-systèmes partiellement autonomes et autoréférenciels. Le sujet, le citoyen, l'acteur sont à ce point mis à l'écart dans ce mouvement inexorable que certains commentateurs ont parlé de « société sans homme »[4].

L'expression « structuralisme génétique » a été introduite par Lucien Goldman pour désigner une cer-

1. Parmi de nombreuses introductions possibles, voir le collectif dirigé par E. Schwarz, *La révolution des systèmes,* Fribourg, Éd. DelVal, 1988.

2. *La méthode,* Paris, Le Seuil, 4 tomes, 1981-1991.

3. Celle-ci n'est pratiquement pas traduite en français. Pour en avoir un aperçu, voir la notice élaborée par J. Schmutz, dans le recueil de N. Luhman, *Politique et complexité,* Paris, Éd. du Cerf, 1999, p. 33-36.

4. I. Izusquiza, *La sociedad sin hombres. Niklas Luhman o la theoría como escándalo,* Barcelone, 1990.

taine forme de marxisme. Pierre Bourdieu (1930-2002) le reprend à son compte, avant de déclarer, à la fin de sa vie, que son programme relève d'une philosophie « relationnelle » et « dispositionnelle »[1].

L'œuvre de Bourdieu est à classer entre la perpétuation de l'objectivisme et la tentative de dépasser son opposition avec le subjectivisme. Lui-même préférait la seconde hypothèse[2]. Tout au long d'une œuvre qui se déploie sans faillir du début des années 1960 jusqu'à sa mort, Bourdieu approfondit un modèle unique, qui se veut au croisement du triple héritage de Marx, Durkheim et Weber. Du premier, il retient que la société est structurée sur des rapports de domination ; du deuxième que la sociologie a vocation scientifique et est une entreprise d'objectivation des faits sociaux ; du troisième, que la société n'existe qu'à travers les pratiques de ses agents, dans les divers domaines où elles se déploient. L'articulation entre ces trois héritages s'opère au moyen de deux concepts majeurs. L'*habitus,* « structure structurée structurante », est le système de dispositions des agents, héritage et expression de leur position au sein des rapports sociaux, qui commande leurs comportements. Ceux-ci s'élaborent au sein d'espaces sociaux déterminés, les *champs,* dont la structure est définie par un rapport de domination spécifique. L'idée rectrice de Bourdieu est ainsi celle de la domination, qui structure tout ensemble social et se reproduit en permanence sous l'effet des dispositions acquises des agents. Il l'a appliquée à divers domaines notamment ceux de l'éducation, des pratiques culturelles, du déclassement social[3].

– *Subjectivisme.* Deux choses nous paraissent devoir être retenues : la perpétuation de l'interaction-

1. *Raisons pratiques. Sur la théorie de l'action,* Paris, Le Seuil, 1994.

2. Il propose explicitement, à travers le concept d'*habitus,* un dépassement de l'opposition entre objectivisme et subjectivisme dans la première partie du *Sens pratique,* Paris, Éd. de Minuit, 1980.

3. Voir, respectivement, *La reproduction,* Paris, Éd. de Minuit, 1979 ; *La distinction,* Paris, Éd. de Minuit, 1979 ; *La misère du monde,* Paris, Le Seuil, 1993.

nisme et de l'ethnométhodologie ; l'émergence de la théorie du choix rationnel.

L'interactionnisme symbolique et *l'ethnométhodologie* sont associés à un déplacement du regard vers la dimension miscroscopique du social ainsi que vers des questions de portée plus large, relevant de la philosophie des sciences sociales. Dans la filiation des thèses de la « définition de la situation », de la négociation entre acteurs, et des formes de l'action située, se développe tout un ensemble de recherches mettant au premier plan les modalités et les conditions d'une action concertée. Cette orientation est à la fois descriptive – et trouve son expression dans des travaux d'observation concernant les activités professionnelles, les activités scientifiques, les types de raisonnement à l'œuvre dans des administrations déterminées[1] – et théorique : elle interroge le mode de constitution et d'existence du social dans sa forme la plus élémentaire et la plus universelle : la coopération, dans une situation donnée, entre des acteurs déterminés.

La théorie du choix rationnel se développe aux États-Unis, puis en Europe, à partir des années 1960. Présente antérieurement en filigrane, sous le nom d'individualisme méthodologique et à travers des approches de type utilitariste, elle prend très vite une grande importance. Cette théorie adopte, de façon claire et résolue, un programme individualiste : *a)* la société n'est composée que d'individus – les entités collectives, comme les institutions, n'existent pas par elles-mêmes ; *b)* les individus agissent de façon rationnelle en fonction de fins qu'ils poursuivent. Sur ces deux points, elle peut se réclamer aussi bien de la théorie économique néoclassique que de Max Weber. Son intérêt est double : *a)* grâce au progrès de l'analyse mathématique de la décision, il est possible

1. Voir, par exemple, A. Ogien, *Esprit gestionnaire. Une analyse de l'air du temps,* Paris, Éd. de l'EHESS, 1995 ; A. V. Cicourel, *Le raisonnement médical,* trad. Paris, Le Seuil, 2002.

de formaliser les choix d'un agent, en fonction de leur utilité et de ses préférences ; *b)* cette formalisation permet la construction de modèles rendant compte, par l'agrégation de *n* actions individuelles, de phénomènes macrosociologiques. Sont ainsi évités les deux travers souvent reprochés à l'interactionnisme : l'appel à une interprétation floue des motifs des acteurs et la limitation de l'espace d'analyse aux phénomènes microsociologiques. Par ailleurs, la proximité conceptuelle de cette théorie avec celles en cours en microéconomie et en philosophie analytique de l'action en fait une candidate sérieuse à une unification des sciences sociales sous un programme commun. Appliquée ou développée aux États-Unis par divers auteurs, notamment par James Coleman[1], la théorie du choix rationnel a cependant son talon d'Achille. Elle postule des acteurs une rationalité à la fois totale et exclusive. Or ces deux points sont contestables : un choix rationnel ne s'effectue jamais en disposant pleinement des informations indispensables et du temps nécessaire à les étudier ; la rationalité n'est pas seulement – comme l'avait souligné Weber –, instrumentale ou utilitaire. Elle dépend également des croyances des acteurs et, notamment de leurs croyances morales. C'est la raison pour laquelle, au sein même du courant de l'individualisme méthodologique, certains auteurs, comme Raymond Boudon[2], plaident pour un modèle plus souple, prenant en compte les « bonnes raisons » des acteurs.

– *Dépassement de l'objectivisme et du subjectivisme ?* De nombreux sociologues pensent que cette opposition – de même que son homologue, *holisme et individua-*

1. *Individual Intersets and Collective Action,* Cambridge, Cambridge University Press, 1986 ; *Foundations of Social Theory,* Cambridge/Londres, Harvard University Press, 1990.

2. Voir R. Boudon, *Raison. Bonnes raisons,* Paris, PUF, 2003 ; voir également A. van den Berg et A. Blais (éd.), La théorie du choix rationnel contre les sciences sociales ? Bilan des débats contemporains, *Sociologie et sociétés,* Montréal, vol. 34, nº 1, 2002.

lisme – est, pratiquement, peu pertinente. Dans leurs analyses, ils tentent de mêler les deux perspectives, en prenant en compte aussi bien les motifs des acteurs que les déterminations des structures. Il n'en demeure pas moins que seule une articulation de type théorique des deux orientations peut être satisfaisante. La difficulté est d'éviter de retomber d'un côté ou de l'autre et de proposer une synthèse qui ne s'avère, finalement, au profit de l'un ou l'autre terme. Deux grands sociologues contemporains ont tenté l'aventure.

Jürgen Habermas, philosophe et sociologue né en 1929, a succédé à Adorno à la chaire de Francfort et participé à ses côtés au débat de Tübingen avec Popper. Son œuvre est marquée par une triple inspiration : celle de l'École de Francfort, qui le pousse à s'interroger sur la modernité et le « décrochage » qui s'y opère avec le monde vécu ; celle de la phénoménologie, qui lui fait insister sur la dimension expérientielle et communicationnelle des activités humaines ; celle, enfin, d'une pragmatique rationnelle, qui thématise l'idée que des accords entre les acteurs ne sont possibles que sur la base d'une discussion rationnelle[1]. Cette dernière, en théorie comme en pratique – par l'instauration de débats publics – apparaît comme le seul lieu de médiation entre le monde vécu commun ordinaire des acteurs et les contraintes structurelles du système.

D'une certaine façon, la « théorie de la structuration », parfois appelée « théorie de la modernité réflexive », d'Antony Giddens (1938) a des proximités avec celle d'Habermas. Comme elle, elle procède d'une révision des grands programmes associés à l'objectivisme et au subjectivisme[2]. Son principe de base est l'activité des acteurs, à partir de laquelle le social se structure. Mais cette « structuration » s'opère toujours, simultanément, au sein des structures résultant de l'activité antérieure. C'est donc ce mouvement

1. Voir *La technique et la science comme idéologie,* 1968, trad. Paris, Gallimard, 1973 ; *Logique des sciences sociales et autres essais,* 1966-1982, trad. Paris, PUF, 1987 ; *Théorie de l'agir communicationnel,* 1981, trad. Paris, Fayard, 1987.

2. *New Rules of Sociological Method,* Londres, Hutchinson, 1976 ; *La constitution de la société,* 1984, trad. Paris, PUF, 1987.

circulaire qui constitue l'objet d'analyse de la sociologie. Commun à toute forme sociale, il se caractérise, dans la modernité, par une *réflexivité* liée à l'incorporation croissante de savoirs savants au sein de l'action.

3 / *Quelle société ? Quel(s) monde(s) ?* Tout au long de cette période se sont posées des questions récurrentes, en relation avec les phénomènes sociaux les plus saillants : l'affrontement entre monde communiste et monde capitaliste ; l'industrialisation des campagnes et « la fin des paysans » ; le taylorisme et le post-taylorisme ; le développement des consommations de masse et des loisirs ; l'exclusion ; l'émergence du féminisme et des minorités sexuelles ; les replis et les revendications communautaires ; le terrorisme... Souvent, l'émergence d'un phénomène pousse à en faire l'attribut d'un nouveau type de société : « société de consommation », « société des loisirs », « société assistée », etc. Certaines de ces dénominations sont le fait de sociologues, d'autres d'économistes ou d'hommes politiques. On parle ainsi aujourd'hui de « société de l'information » ou de « société de la connaissance ».

Trois dénominations sociologiques ponctuent cette période, comme autant de diagnostics successifs : le communisme et le socialisme ne sont que deux variantes d'une même « société industrielle » (Aron) ; celle-ci s'essouffle déjà au profit d'une société post-industrielle, reposant sur le secteur tertiaire et l'innovation technologique (Bell), et substituant aux conflits de classe traditionnels des mouvements sociaux comme celui de 1968 (Touraine). Cette société, aujourd'hui, engendre des mécanismes non maîtrisés, dont les effets peuvent être catastrophiques et justifient l'appellation de « société du risque »[1].

1. Respectivement, R. Aron, *Dix-huit leçons sur la société industrielle,* Paris, Gallimard, 1966 ; D. Bell, *The Coming of Post-industrial Society,* New York, Basic Boock, 1974 ; A. Touraine, *La société post-industrielle,* Paris, Denoël, 1969 ; U. Beck, *La société du risque,* 1986, Paris, Flammarion, 2001.

Cette interrogation, de type structurel, sur la nature de la société contemporaine, se double d'une autre, d'inspiration interactionniste et phénoménologique. Partageons-nous le même monde ? Peuvent être ainsi repensés, du point de vue phénoménologique et pragmatique, les clivages traditionnels entre groupes sociaux. Au-delà de l'image facile selon laquelle un chômeur a peu de chances de rencontrer un PDG, cette idée insiste sur les conditions, le plus souvent tacites et routinières, d'un monde d'action partagé, attaché d'ailleurs de plus en plus souvent à des institutions données : le bureau d'aide sociale, le service hospitalier, le laboratoire de recherche, etc. Un autre principe de distinction a été proposé par Luc Boltanski et Laurent Thévenot, à partir des raisons pratiques qu'avancent les acteurs pour justifier leur action, réclamer justice, régler des différents, construire des accords. Il leur est apparu qu'ils se réclamaient de « principes de justice » différents, associant aux êtres et aux actes des valeurs différentes et relevant de modèles de régulation – « les cités » – différents. L'intérêt de leur approche est que ces principes ne sont pas associés à des groupes ou des institutions mais à des sphères d'activité et définissent des ordres de « grandeur »[1].

In fine, se pose la question de l'appartenance de l'humanité à un monde commun. La sociologie contemporaine tend à rompre avec les facilités du culturalisme et les dénégations rapides d'une nature humaine, au profit de mécanismes de pensée et de sentiments moraux universels, dont restent à explorer le fondement et le fonctionnement[2].

1. *De la justification. Les économies de la grandeur,* Paris, Gallimard, 1991.

2. Voir sur cette question : J. Baechler, *Nature et histoire,* Paris, PUF, 2000 ; P. Pharo, *Sociologie de l'esprit,* Paris, PUF, 1997 ; *Morale et sociologie,* Paris, Gallimard, « Folio », 2004.

CONCLUSION

Y a-t-il une ou des sociologies ? Un survol rapide du territoire de connaissance de la sociologie aussi bien que la crainte inhérente à toute réduction unitaire invite au pluriel. Celui-ci, cependant, est le plus souvent utilisé par facilité ou par diplomatie, et tend à ne pas connaître de bornes : chaque segmentation du domaine de recherche, chaque sédimentation de gestes techniques, chaque « micro-appartenance » théorique ou programmatique peuvent s'instituer, pour peu que s'y constitue un réseau de travail, d'échange et d'affinité, en république autonome.

Les théoriciens des sciences de la nature ont, pour cette raison, longtemps méprisé et stigmatisé une connaissance fragile, impure, mal dégagée des scories langagières par lesquelles s'insinuent les oppositions métaphysiques et les luttes idéologiques. L'approfondissement de la réflexion et de l'analyse modernes consacrées aux sciences de la nature révélait cependant que celles-ci n'étaient pas à l'abri de difficultés similaires. Elles étaient cependant moins évidentes, plus facilement dissimulées derrière un appareil formel et instrumental commun. En introduisant l'idée que les sciences de la nature avaient connu une succession de « paradigmes », c'est-à-dire de manières de faire et de concevoir la science, Thomas Kuhn invitait à une réflexion sur les « matrices disciplinaires » constitutives de ces paradigmes.

Si le territoire sociologique est partagé en une myriade de tribus, celles-ci appartiennent peut-être, quoi qu'elles en aient, à la même nation. Le regard que la sociologie porte sur elle-même s'est ainsi modifié tout au long de sa construction : alors que durant longtemps, ancré dans les conditions mêmes de sa fondation, il tendait à opposer une vision unitaire (la sociologie est une science comme les autres et ne peut qu'être une) à une conception dualiste (la sociologie est une science d'interprétation nécessairement distincte d'une science d'explication), il s'est, durant la dernière période, peu à peu orienté vers une intégration de la pluralité : le territoire commun est alors la matrice disciplinaire commune, ce réservoir de théories, de programmes, d'outils, de formules, auquel on n'accède jamais que par une médiation concrète, une affiliation spécifique, mais qui constitue néanmoins l'horizon partagé de tous les sociologues[1].

Le patrimoine de la sociologie n'est pas un fourre-tout de théories et de méthodes. Il est constitué, comme nous avons tenté de le montrer tout au long de ce livre, de modes d'approches et de « programmes » de recherche, qui explorent des possibilités à la fois alternatives et combinables d'intelligibilité du social. C'est le développement et l'articulation conflictuelle de ces quelques grandes alternatives, dans leurs dimensions à la fois globales et opératoires, qui constituent la spécificité de la matrice disciplinaire sociologique. Interrogée de ce point de vue, celle-ci doit alors livrer la clef de sa pluralité. À cette question fondamentale et neuve à la fois, la sociologie moderne répond aujourd'hui de façon plurielle : en insistant sur l'unité dialectique de l'objectivisme et du subjectivisme, en approfondissant l'alternative dualiste, en interrogeant, enfin, le fondement logique et cognitif de la pluralité des programmes par lesquels se construit l'*intelligence de son objet*.

1. Cf., par exemple, T. Bottomore et R. Nisbet, Introduction à *A History of Sociological Analysis, op. cit.*, ou W. L. Wallace, Toward a Disciplinary Matrix in Sociology, *in* N. J. Smelser (ed.), *Handbook of Sociology, op. cit.*

BIBLIOGRAPHIE

Akoun A. et Ansart P., *Dictionnaire de sociologie,* Paris, Robert - Le Seuil, 1999.

Ansart P., *Les sociologies contemporaines,* Paris, Le Seuil, « Points », 1990.

Aron R., *La sociologie allemande contemporaine,* Paris, PUF, 1936.

Aron R., *Les étapes de la pensée sociologique,* Paris, Gallimard, 1976.

Berthelot J.-M. (éd.), *La sociologie française contemporaine,* Paris, PUF, 2000.

Berthelot J.-M., *Sociologie. Épistémologie d'une discipline. Textes fondamentaux,* Bruxelles, De Boeck, 2000.

Besnard P., *Études durkheimiennes,* Genève, Croz, 2003.

Bottomore T. et Nisbet R. (eds), *A History of Sociological Analysis,* Londres, Heinemann, 1979.

Bottomore T., Nowak S., Sokolowska M. (eds), *Sociology, the State of the Art,* Londres, Sage Publications, 1982.

Boudon R. (éd.), *Traité de sociologie,* Paris, PUF, 1992.

Bulmer M., *The Chicago School of Sociology,* Chicago, The University of Chicago Press, 1984.

Chapoulie J.-M., *La tradition sociologique de Chicago,* Paris, Le Seuil, 2001.

Coenen-Huther J., *Le fonctionnalisme en sociologie : et après ?,* Bruxelles, Éd. de l'Université libre de Bruxelles, 1984.

Coll., À propos de Durkheim, *Revue française de Sociologie,* vol. XVII, n° 2, 1976.

Coll., Les durkheimiens, *Revue française de Sociologie,* vol. XX, n° 1, 1979.

Coll., La sociologie française au tournant du siècle, *Revue française de Sociologie,* vol. XXII, n° 2, 1981.

Coll., La sociologie dans l'entre-deux-guerres, *Revue française de Sociologie,* vol. XXVI, n° 2, 1985.

Coulon A., *L'ethnométhodologie,* Paris, PUF, « Que sais-je ? », 1987.

Coulon A., *L'École de Chicago,* Paris, PUF, 1992.

Cuin C.-H. et Gresle F., *Histoire de la sociologie,* 2 tomes, Paris, La Découverte, 1992.

Cuvillier A., *Manuel de sociologie,* Paris, PUF, 1950.

Demeulenaere P., *Histoire de la théorie sociologique,* Paris, Hachette, 1997.

Devinant A., *Les grands courants de la pensée sociologique par les textes,* 2 tomes, Paris, Hachette, 1999.

Durant J.-P. et Weil R., *La sociologie contemporaine,* Paris, Vigot, 1989.

Grafmeyer Y. et Joseph I., *L'École de Chicago, naissance de l'écologie urbaine,* Paris, Aubier, 1984.

Gurvitch G. et Moore W. E., *La sociologie au XXe siècle,* Paris, PUF, 1947.

Herpin N., *Les sociologues américains et le siècle,* Paris, PUF, 1973.

Jay M., *L'imagination dialectique. Histoire de l'École de Francfort (1933-1950),* Paris, Payot, 1977.

Kaesler D., *Max Weber, sa vie, son œuvre, son influence*, 1995, trad. Paris, Fayard, 1996.

Kalaora B. et Savoye A., *Les inventeurs oubliés,* Seyssel, Champ-Vallon, 1989.

Kent R. E., *A History of British Empirical Sociology,* Aldershot, Gower Publishing Company, 1981.
Konig R., *Soziologie in Deutschland,* Münich, Hanser, 1989.
Kurtz L. R., *Evaluating Chicago Sociology,* Chicago, The University of Chicago Press, 1984.
Leclerc G., *L'observation de l'homme. Une histoire des enquêtes sociales,* Paris, Le Seuil, 1979.
Marcel J.-C., *Le durkheimisme dans l'entre-deux-guerres,* Paris, PUF, 2001.
Mendras H. et Verret M., *Les champs de la sociologie française,* Paris, Armand Colin, 1988.
Nisbet R. A., *La tradition sociologique,* 1966, trad. Paris, PUF, 1984.
Oberschall A., *Empirical Social Research in Germany, 1848-1914,* Paris-La Haye, Mouton, 1965.
Platt J., *A History of Sociological Research Methods in America, 1920-1960,* Cambridge, Cambridge University Press, 1996.
Simon P.-J., *Histoire de la sociologie,* Paris, PUF, 1991.
Smelser N. J. (ed.), *Handbook of Sociology,* Londres, Sage Publications, 1988.
Valade B., *Introduction aux sciences sociales,* Paris, PUF, 1996.
Vincent J.-M. (éd.), Les métamorphoses de la sociologie allemande, *Cahiers internationaux de sociologie,* vol. CVII, n° 2, 1999.
Wiggershaus R., *L'École de Francfort,* 1986, trad. Paris, PUF, 1993.
Worsley P. (ed.), *The New Introducing Sociology,* Londres, Penguin Books, 1987.

TABLE DES MATIÈRES

Imprimé en France
par Vendôme Impressions
Groupe Landais
73, avenue Ronsard, 41100 Vendôme
Février 2006 — N° 52 854